从入门到精通

武鹏程 张 彤 等 编著

中国电力出版社
CHINA ELECTRIC POWER PRESS

内 容 提 要

本书是为零基础学汽车电工的朋友们量身定制的入门读物，详细介绍汽车电器及电路相关的电工与电子等专业知识，在编排上，打破文字束缚，采用图解方式展示检测、检修方法，力求达到"所见即所得"式学习效果。

全书共分 8 章，分别介绍汽车电工基础知识，汽车基本电路与电路识图，电源分配系统、起动系统、车身电器、发动机电控系统、变速器和防抱死制动系统、空调系统的检测。

本书是汽车电工的自学参考书，可作为高职高专院校汽车类专业的通用教材，还可作为各类培训和自学的参考教材。

图书在版编目（CIP）数据

汽车电工从入门到精通 / 武鹏程，张彤等编著. —北京：中国电力出版社，2019.8
ISBN 978-7-5198-3069-4

Ⅰ．①汽… Ⅱ．①武… ②张… Ⅲ．①汽车 – 电工技术 – 教材 Ⅳ．① U463.6

中国版本图书馆 CIP 数据核字（2019）第 068743 号

出版发行：中国电力出版社
地　　址：北京市东城区北京站西街 19 号（邮政编码 100005）
网　　址：http://www.cepp.sgcc.com.cn
责任编辑：莫冰莹（010-63412526）
责任校对：黄　蓓　马　宁
装帧设计：赵姗姗
责任印制：杨晓东

印　　刷：北京博图彩色印刷有限公司
版　　次：2019 年 8 月第一版
印　　次：2019 年 8 月北京第一次印刷
开　　本：889 毫米 × 1194 毫米 32 开本
印　　张：7.125
字　　数：253 千字
定　　价：58.00 元

前　言

　　汽车电子技术的广泛普及，汽车电器的大量使用，大大提升了驾驶者和乘客的用户体验，但也使得汽车电器的检修难度提升了几个级别。本书针对汽车电工的检修操作，从理论到实践，将汽车的一个个电器作为一个完整的项目，从认识电器到安装位置，从部件型号到检修核对，既讲述基础概念，又讲解检修操作，是一本从零入门的汽车电工操作用书。

　　全书分成汽车电工基础知识、汽车基本电路与电路识图、电源分配系统检测、起动系统检测、车身电器检测、发动机电控系统检测、变速器和防抱死制动系统检测和空调系统检测等内容。通过本书相对完整又独立的检修项目，读者可结合实际需要选读或查阅，即学即用，得到解决问题的方法和技巧，也可系统地学习汽车各系统的检修技能。

　　本书图文并茂、通俗易懂、实用性强，便于读者自学，可供广大汽车驾驶人员和汽车电工阅读，也可作为汽车电工培训班的培训教材和大中专院校相关专业的参考书，是汽车维修必备案头读物。

　　本书由武鹏程、张彤等编著，参与编写的人员还有：郑亭亭、郑玉洁、刘美霞、田静宇、文英娟、孙洁、尤晓莉、林传洪。本书编写参考了许多技术文献、图书、多媒体资料以及原车维修手册，同时也汇集了很多业内汽车维修高手的经验，在此一并表示衷心的感谢。

　　由于编者水平有限，书中难免有不足之处，敬请广大读者批评指正。

2019 年 8 月

目 录

1

汽车电工基础知识

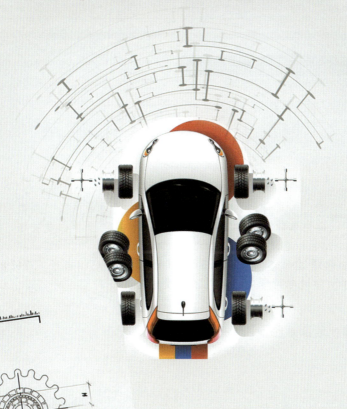

1.1　电流

1.1.1 电流

　　金属（或导体）中含有大量的自由电子，当把金属导体和一个电源接成闭合回路时，导体中的自由电子（负电荷）就会受到电池负极的排斥和正极的吸引，而朝着电池正极运动。这种有规则的运动，形成了金属导体中的电流。

金属（或导体）中的自由电子

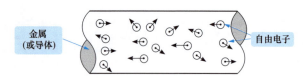

闭合回路中的金属（或导体）

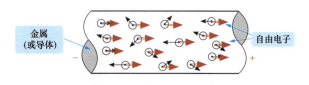

电流　　　　电流的大小可以用单位时间内通过导体任一横截面的电荷量来计量，称为电流强度，简称电流（单位是安培，符号A），它是这样规定的：

　　1s内通过导体横截面上的电荷量为1C（1C相当于 6.242×10^{18} 个电子所带的电荷量），则电流强度就是1A，即

$$1A = \frac{1C}{1s}$$

其他单位关系如下所示

$$1毫安(mA) = \frac{1}{1\,000}安培(A)$$

$$1微安(\mu A) = \frac{1}{1\,000}毫安(mA)$$

$$= \frac{1}{1\,000\,000}安培(A)$$

1.1.2 直流电流

方向、大小保持不变的电流称为直流电流。

直流电流在单位时间内通过导体横截面的电量相等，又称为稳恒电流或恒定电流，简称直流（Direct Current，DC），用 I 表示。

在汽车电路中，蓄电池的供电和电子元件所使用的均是直流电流。

1.1.3 交流电流

大小和方向均随时间作周期性变化的电流，称为交流电流。

交流电流（Alternating Current，AC），也称"交变电流"，简称"交流"，用 i 表示。

在汽车电路中，发电机的供电是交流电，所以在给蓄电池充电时需要进行转换。

1.1.4 脉动电流

方向始终不变，而大小随时间而变化的电流，称为脉动电流。

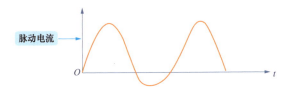

在电路中，一般的交流电通过二极管或桥式整流器整流出来的电流多为脉动电流。

1.2 电压

电压可以理解为电的压力，它是引起导体中电子移动的电位差。当在电路的一点处有大量电子而在电路的另一点处缺少电子时便可建立起电位差。

假如用水槽表示电位差的形成，可以看出，水槽 1 的水面高度明显比水槽 2 的水面高，这样就形成了水位差。有了水位差就有了水流动的压力，所以水位差叫水压。水位差越大，水流就越急。

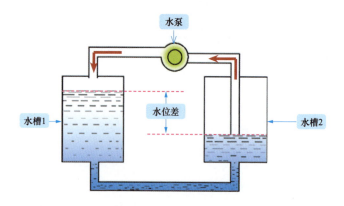

同理，为了使电荷在电路中流动，也需要这样"水位差"，在电路中叫电位差，使电流从高电位流向低电位，这种压力就叫作电压。

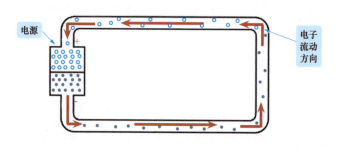

4

1.2.2 交流电压

交流电压的概念和交流电流的比较相似，电压的大小和方向都随时间改变的电叫交流电，交流电的波形有正弦波、方波和锯齿波等。

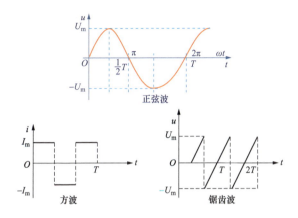

1.2.3 测量汽车电压

汽车电压的检测分为以下几种情况。

静态电压的检测

将汽车静置12h，用万用表选择直流电压挡，将万用表红黑表笔分别接蓄电池的正负端子，检测其数值。

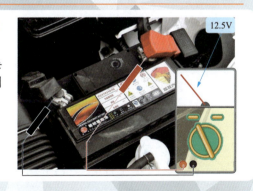

动态电压的检测

动态电压是指在放电或充电状态测得的电压，发动机运转状态时检测，连接方法与静态电压检测相同。

状态好的电池（容量充足、存电充足）电压应大于10V，最低不应低于8V。

1.3 电阻

自由电子在导体中沿一定方向流动时，不可避免地会遇到阻力，这种阻力是自由电子与导体中的原子发生碰撞而产生的。导体中存在的这种阻碍电流通过的阻力叫电阻，电阻用符号 R 或 r 表示。

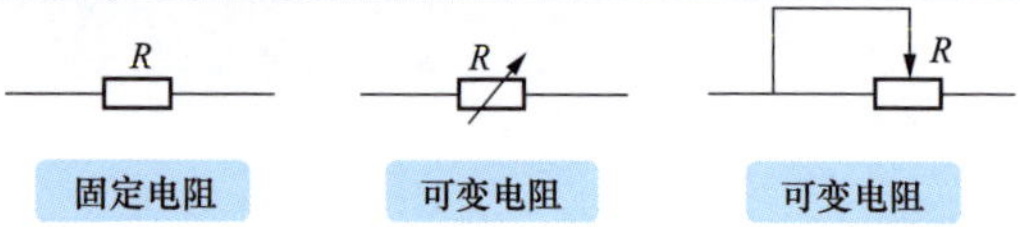

固定电阻	可变电阻	可变电阻

电阻的基本单位是欧姆，符号是"Ω"。如果在电路两端所加的电压是 1V，流过这段电路的电流恰好是 1A，那么这段电阻就为 1Ω。在实际工作中，如果电阻比较大，常常采用较大的单位，它们之间的关系是

1 千欧（kΩ）$=10^3$ 欧姆（Ω）

1 兆欧（MΩ）$=10^6$ 欧姆（Ω）

电阻和电压、电流的关系

电路中电流、电压和电阻三者之间的关系，总结起来就是最基本的电路定律——欧姆定律。欧姆定律指出：

在一段电路中，流过该段电路的电流与电路两端的电压成正比，与该段电路的电阻成反比，可用下式表示

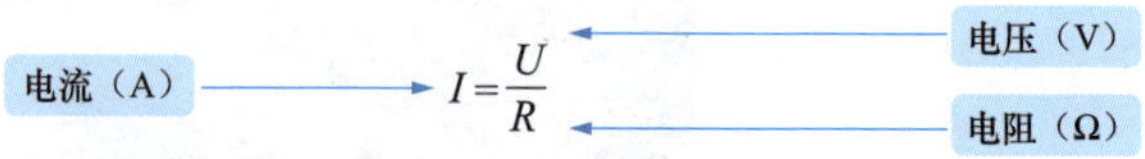

电流（A）　$I=\dfrac{U}{R}$　电压（V）

电阻（Ω）

若电流 I 流过电阻 R 时，会在电阻 R 上产生电压降。电流 I 越大，电阻 R 越大，电阻上降落的电压越多。则上式变化为

$$U=IR$$

若在任何一段电路两端加上一定的电压 U，可以测量出流过这段电路的电流 I，这时，我们可以把这段电路等效为一个电阻 R。这个重要概念，在电路分析与计算中经常用到。则上式变化为

$$R=\dfrac{U}{I}$$

例：一个信号灯，其额定电压为 6.3V，工作电流为 0.2A，今欲接入 12V 的电源，用一个线绕电阻降压，如下图所示，请问降压电阻的阻值应为多大？

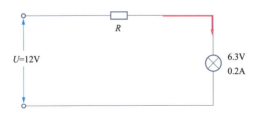

解：为保证信号灯得到所需的 6.3V 电压，降压电阻上应降落 12-6.3=5.7V 电压，因此，降压电阻的阻值为

$$R = \frac{U_R}{I} = \frac{5.7}{0.2} = 28.5 \ （\Omega）$$

例：一段导线的电阻为 2.4Ω，通过导线的电流为 4.6A，求这段导线上的电压降。

解：$U = IR = 4.6 \times 2.4 = 11.04$ (V)

电阻的串联

如果电路中有两个或更多个电阻一个接一个地顺序相联，并且在这些电阻中通过同一电流，则这种联接方式就称为电阻的串联。

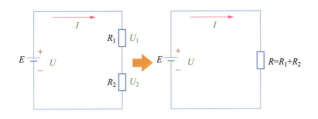

由于电流只有一条通路，所以电路的总电阻 R 必然等于各串联电阻之和，即

$$R = R_1 + R_2$$

电路的外加电压 U，等于各串联电阻上的电压降之和，即

$$U = U_1 + U_2 = IR_1 + IR_2 = I(R_1 + R_2) = IR$$

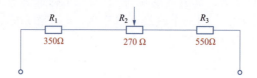

上图中，270Ω 的电位器（可变电阻）两边分别与 350Ω 及 550Ω 的电阻串联，组成一个分压电路，该串联电路的输入电压 U_1=12V，试计算输出电压 U_2 的变化范围。

所以，当 R_2 滑动触点滑至最左端时，有

$$U_2 = U_1 \times \frac{R_2 + R_3}{R_1 + R_2 + R_3}$$

$$= 12 \times \frac{270 + 550}{350 + 270 + 550}$$

$$\approx 8.4 \, (V)$$

当电位器的滑动触点滑至最右端时

$$U_2 = U_1 \times \frac{R_3}{R_1 + R_2 + R_3}$$

$$= 12 \times \frac{550}{350 + 270 + 550}$$

$$\approx 5.6 \, (V)$$

由计算结果可知，输出电压 U_2 的变化范围为 5.6 ~ 8.4V。

电阻的并联

如果电路中有两个或更多个电阻连接在两个公共的节点之间，则这样的连接方式就称为电阻的并联。

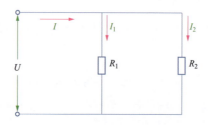

根据上图图中的并联所示，根据欧姆定律，可以分别计算出每个电阻上的电流

$$I_1 = \frac{U}{R_1}$$

$$I_2 = \frac{U}{R_2}$$

电路未分支部分的电流，等于各并联支路中电流的总和，即
$$I = I_1 + I_2$$

两个并联电阻也可以用一个等效电阻 R 来代替。等效电阻 R 的阻值大小可由下式推出

$$\frac{U}{R} = \frac{U}{R_1} + \frac{U}{R_2} \quad \text{由此得出} \quad \frac{1}{R} = \frac{1}{R_1} + \frac{1}{R_2}$$

在实际工作中，经常需要计算两个电阻并联的等效电阻，这时可利用下列简捷公式求得

$$R = \frac{1}{\dfrac{1}{R_1} + \dfrac{1}{R_2}} = \frac{R_1 R_2}{R_1 + R_2}$$

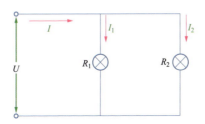

上图中，在 220V 的电源上并联着两盏电灯，它们在正常工作时的电阻分别为 $R_1 = 484\Omega$，$R_2 = 1210\Omega$，计算这两盏电灯从电源取用的总电流。

则 $\quad I_1 = \dfrac{U}{R_1} = \dfrac{220}{484} \approx 0.455 \text{(A)} \qquad I_2 = \dfrac{U}{R_2} = \dfrac{220}{1210} \approx 0.182 \text{(A)}$

总电流 I 为 $I_1 + I_2 = 0.455 + 0.18 = 0.637$（A）

也可以先求出两盏电灯并联的等效电阻

$$R = \frac{R_1 R_2}{R_1 + R_2} = \frac{484 \times 1210}{484 + 1210} \approx 345.7 (\Omega)$$

再计算总电流 $\quad I = \dfrac{U}{R} = \dfrac{220}{345.7} \approx 0.636\,(\text{A})$

电阻的混联

在一个电路中,既有并联电阻,又有串联电阻,这类电路称为电阻的混联电路。

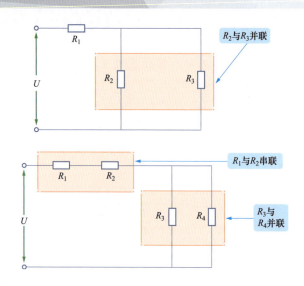

在计算混联电路时,一般是先求出并联部分的等效电阻,把电路化成一个电阻串联电路,然后再进行计算。

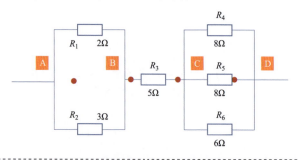

先计算 AB 段的并联等效电阻

$$R_{\text{AB}} = \frac{R_1 R_2}{R_1 + R_2} = \frac{2 \times 3}{2 + 3} = 1.2\,(\Omega)$$

再计划 CD 段的并联等效电阻

$$R_{\text{CD}} = \frac{1}{\dfrac{1}{R_1} + \dfrac{1}{R_2} + \dfrac{1}{R_3}} = \frac{1}{\dfrac{1}{4} + \dfrac{1}{8} + \dfrac{1}{6}} \approx 1.8\,(\Omega)$$

电路的总电阻为　　　$R=R_{AB}+R_3+R_{CD}=1.2+5+1.8=8(\Omega)$

1.3.2 汽车用电阻器种类

任何物体都会有电阻，只是大小不同，有些物质的电阻非常大时，则被称为电阻器，电阻是最为常用的元件之一，因为使用广泛，种类也非常多。

NTC 热敏电阻器

热敏电阻器是由对温度极为敏感、热惰性很小的半导体材料制成的非线性电阻器。常见的有正温度系数（ＰＴＣ）、负温度系数（ＮＴＣ）和临界温度系数三大类热敏电阻器。

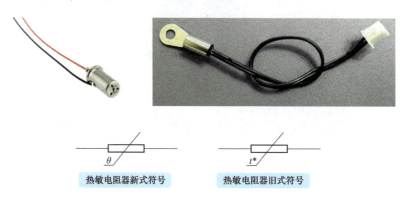

热敏电阻器新式符号　　　　　热敏电阻器旧式符号

水温
传感器

PTC 热敏电阻器

　　正温度系数电阻的阻值随温度升高而增大，负温度系数电阻器的阻值随温度升高而减小；临界温度系数的电阻器的阻值在临界温度附近时基本为零。

汽车氧传感器

光敏电阻器

　　光敏电阻器是可以在光线影响下改变自身电阻的光敏半导体组件。在汽车的自动防眩车内后视镜中，两个 LDR 测量向行驶方向的入射光线和向其他方向的入射光线，并将它们进行比较。

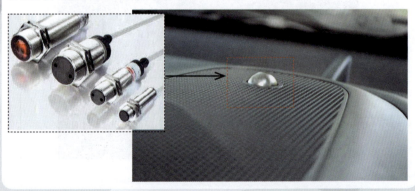

1.4 电容

1.4.1 电容

电容器简称电容（Capacitor, C），顾名思义，电容器就是"储存电荷的容器"，故电容器具有储存一定电荷的能力。

电容量

电容器储存电荷的能力叫作电容量，简称容量，基本单位是法拉，简称法（F）。由于法拉作单位在实际运用中往往显得太大，所以常用微法（μF）、纳法（nF）和皮法（pF）作为单位。被标准化、规范化的电容元件容量值称为电容的标称值。规范的电容标称值已列入国标（非标准的专用电容除外）。

电容标称值序列	1.0	3.3	标注在电容元件上的容量值即为该电容的标称值。计量单位（pF）（nF）（μF）（F）单位换算 $1F=10^6\mu F$ $1\mu F=10^3 nF$ $1nF=10^3 pF$	左边所列电容标称值序列为个位基础值，将此值乘以 10^3 便可得到全系列化标称值。如：$2.7pF\times10^0=2.7pF$ $2.7pF\times10^1=27pF$ $2.7pF\times10^2=270pF$ $2.7pF\times10^3=2700pF$ $2.7pF\times10^4=27nF$ $2.7pF\times10^5=0.27\mu F$ $2.7pF\times10^6=2.7\mu F$ $2.7pF\times10^7=27\mu F$ $2.7pF\times10^8=270\mu F$ $2.7pF\times10^9=2700\mu F$ $2.7pF\times10^{10}=27\,000\mu F$ $2.7pF\times10^{12}=0.27\mu F$
	1.1	3.6		
	1.2	3.9		
	1.3	4.3		
	1.5	4.7		
	1.6	5.1		
	1.8	5.6		
	2.0	6.2		
	2.2	6.8		
	2.4	7.5		
	2.7	8.2		
	3.0	9.1		

它们之间的换算关系是
$1F = 10^6\mu F$，$1mF = 1000nF$，$1nF = 1000pF$

直标法标注电容容量

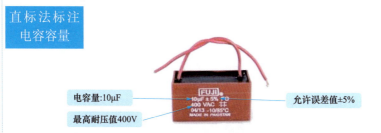

电容量:10μF
最高耐压值400V
允许误差值±5%

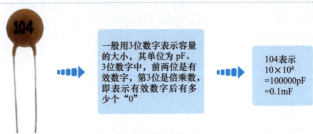

一般用3位数字表示容量的大小，其单位为pF。3位数字中，前两位是有效数字，第3位是倍乘数，即表示有效数字后有多少个"0"

104表示
10×10^4
=100000pF
=0.1mF

倍乘数的标示数字所代表的含义见下表所示，标示数为 0 ~ 8 时分别表示 10^0 ~ 10^8，为 9 时则表示 10^{-1}。

标示数字	倍乘数	标示数字	倍乘数
0	$\times 10^0$	5	$\times 10^5$
1	$\times 10^1$	6	$\times 10^6$
2	$\times 10^2$	7	$\times 10^7$
3	$\times 10^3$	8	$\times 10^8$
4	$\times 10^4$	9	$\times 10^{-1}$

1.4.2 汽车用电容器种类

电容降压作用

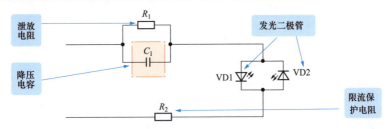

由于 C_1 的容抗比较大，回路中的电流得到限制，这样流过发光二极管 VD1、VD2 的电流大小适合，使之进入发光工作状态。交流电的正半周使 VD1 导通发光，在 VD1 导通期间，VD2 截止。

电容的分压作用

电阻器可以构成分压电路，电容器也可以构成分压电路，可参见下图所示的电容分压电路。

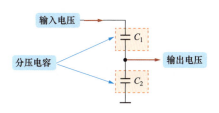

　　对某一频率的输入信号，电容 C_1 和 C_2 各自呈现一个容抗，这两个容抗就构成了对输入信号的分压衰减（理解方法与电阻分压电路一样），这样就能降低输出信号的幅度。

电容的滤波作用

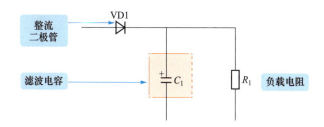

　　滤波电路中的滤波电容容量相当大，通常至少是 $470\mu F$ 的有极性电解电容。滤波电容 C_1 的容量越大，对交流成分的容抗越小，使残留在整流电路负载 R_1 上的交流成分越少，滤波效果就越好。

汽车用电容器检测

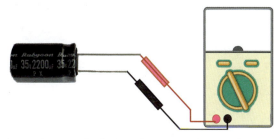

　　电阻调到 20k 挡，红表笔接电容长的针脚，黑表笔接电容短的针脚，这个时候，会看到万用表上有电阻值显示。

1.5 电感和线圈电感

1.5.1 电磁产生的过程

磁极之间具有同名磁极相斥、异名磁极相吸的性质。这种作用力是靠磁体周围的特殊物质传递的，这种特殊物质就称为磁场。

在磁场中某一点处，放置一个小磁针，当小磁针静止时，其N极的指向就称为该点磁场的方向。

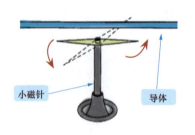

导体通过时

小磁针转动，并停止在垂直于直导体的位置上。

切断导体内电流

小磁针又恢复到指南北的位置；若改变电流的方向，小磁针会反向转动。

实验表明：通电导体的周围存在着磁场，这个磁场与小磁针相互作用而使小磁针转动。在载流直导体周围撒上铁屑，由于通电导体产生磁场，使铁屑形成了以通电导体为圆心的许多同心圆环。

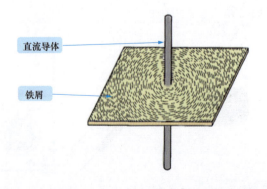

直流导体

铁屑

自感

由于线圈自身电流的变化，在该线圈中引起的电磁感应，称为自感应，简称自感。

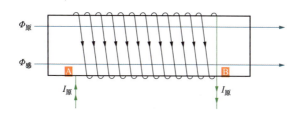

图中电流由 A 点流入，B 点流出，若 A 点电流变化了，例如减少了，则线圈中则产生电动势 E_L。现用楞次定律判断 E_L 极性，其步骤为：

1 原电流 $I_原$ 在线圈内部形成的磁通即为原磁通 $\Phi_原$，依据右手螺旋定则判明 $\Phi_原$ 的方向自左向右；由于原电流在减少，所以 $\Phi_原$ 也在减少。

2 根据"增反减同"的口诀，可知感应磁通 $\Phi_感$ 的方向与 $\Phi_原$ 的方向相同，$\Phi_感$ 的方向也是自左向右。

3 利用右手螺旋定则，根据 $\Phi_感$ 的方向判明感应电流 $I_感$ 的方向也是由 A 点流入，由 B 点流出。

4 将感应电流 $I_感$ 视为电源内部的电流，是由低电位流向高电位，可知：A 点是低电位（负极），B 点是高电位（正极）。这样，自感电动势 E_L 的方向由 A 点指向 B 点。

互感

几个靠得很近的线圈，当一个线圈中的电流发生变化时，在其他线圈中引起的电磁感应，称为互感应，简称互感。由互感产生的感应电动势，称为互感电动势，记作 E_M。

如下图所示，在同一铁心上绕有三个线圈 Ⅰ、Ⅱ、Ⅲ。若线圈 Ⅰ 中的电流发生变化时，在线圈 Ⅱ、Ⅲ 中就引起了互感。线圈 Ⅱ 中的互感电动势记作 E_{M2}，线圈 Ⅲ 中的互感电动势记作 E_{M3}。

17

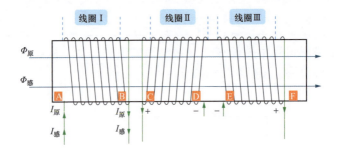

线圈Ⅰ 线圈Ⅱ 线圈Ⅲ

假设线圈Ⅰ中的电流 I_1 由 A 端流入，由 B 端流出，而且 I_1 在减少，这样可以判明线圈Ⅰ中的原磁通方向自左向右，且随 I_1 减少也在减少。该变化着的磁通同时通过了线圈Ⅱ、Ⅲ，所以在线圈Ⅱ、Ⅲ中产生了互感。

最终判断

对于线圈Ⅱ，C 端是高电位、D 端是低电位；对于线圈Ⅲ，F 端是高电位、E 端是低电位。

1.5.3 汽车用电感和电感线圈

一般的电感器是用漆包线、纱包线或镀银铜线等在绝缘管上绕一定的圈数（N）而构成的，所以又称电感线圈。

根据绕制的支架不同，电感器可分为空心电感器（无支架）、磁心电感器（磁性材料支架）和铁心电感器（硅钢片支架）。

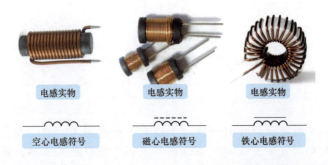

电感实物	电感实物	电感实物
空心电感符号	磁心电感符号	铁心电感符号

电感量的标注方法

电感器的参数标注方法主要有直标法和色标法。

直标法

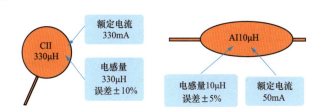

在标注电感量时，通常会将电感量值及单位直接标出。在标注误差时，分别用Ⅰ、Ⅱ、Ⅲ表示±5%、±10%、±20%。在标注额定电流时，用A、B、C、D、E分别表示50mA、150mA、300mA、0.7A和1.6A。

色标法

色标法是采用色点或色环标在电感器上来表示电感量和误差的方法。色码电感器采用色标法标注，其电感量和误差标注方法同色环电阻器，单位为μH。

电感的分类

常用的电感一类是应用自感作用的电感线圈；另一类是应用互感作用的变压器。

前面介绍的都是电感线圈，此处简单介绍一下变压器。变压器也是一种常用的元器件，其种类繁多，大小形状千差万别。无线电与电子制作中较常用的有：电源变压器、音频输入变压器、输出变压器、中频变压器、高频变压器、脉冲变压器等。

变压器的符号为"T"，图形符号表示如下：

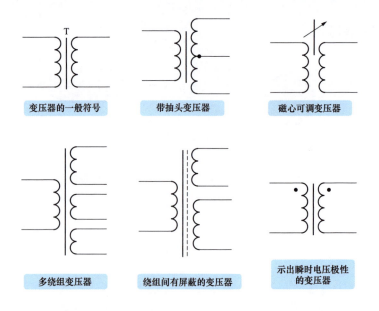

变压器的一般符号　　　带抽头变压器　　　磁心可调变压器

多绕组变压器　　　绕组间有屏蔽的变压器　　　示出瞬时电压极性的变压器

变压器是利用互感应原理工作的，具有传交流隔直流、电压变换、阻抗变换和相位变换的作用。

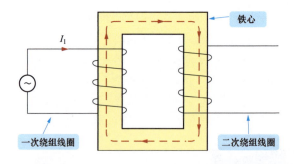

改变一、二次侧之间的圈数比，即可改变电压比和阻抗比。改变变压器线圈的接法，可以很方便地令信号电压倒相。

电感器好坏的检测

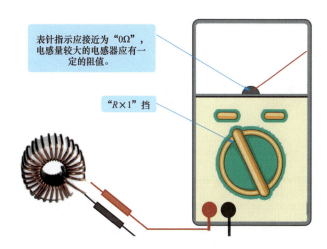

表针指示应接近为"0Ω"，电感量较大的电感器应有一定的阻值。

"R×1"挡

如果表针不动，说明该电感器内部断路；如果表针指示不稳定，说明电感器内部接触不良。

变压器的检测

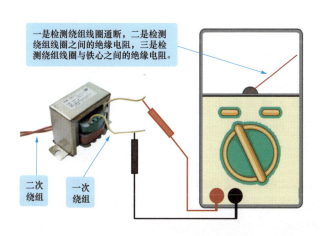

一是检测绕组线圈通断，二是检测绕组线圈之间的绝缘电阻，三是检测绕组线圈与铁心之间的绝缘电阻。

二次绕组

一次绕组

1.6 二极管

1.6.1 二极管

　　将 PN 结装上电极引线及管壳，就制成了半导体二极管，简称二极管。

　　二极管的正极（又称阳极）由 P 区引出，负极（又称阴极）由 N 区引出。

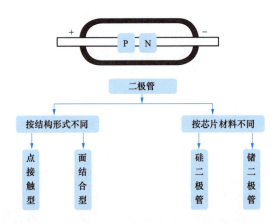

1.6.2 汽车用二极管种类

稳压二极管

　　硅稳压二极管（简称稳压管）是一种特殊的面接触型二极管。它与普通二极管一样，也是由一个 PN 结构成，不同的是制造工艺上有所差别。

VD_Z

发光二极管

发光二极管由磷砷化镓等特殊半导体材料制成，其基本结构是一个 PN 结。

图形符号

常用发光二极管的颜色有红色、黄色、绿色三种，现代汽车仪表系统的一些显示装置就采用发光二极管显示车速和里程。

光电二极管

使光电二极管在其 PN 结处通过管壳上的一个玻璃窗口接受外部的光照。目前使用最多的是硅（Si）光电二极管。

图形符号

硫化镉光电阻于 90 年代在客车上得到了首次应用，用于通过检测环境光自动打开及关闭车大灯。而今，用于检测光线的主流技术已变成硅光电二极管和光电晶体管，从而使车身电子应用得到了极大扩展。

检测二极管的质量好坏

若测得的电阻较小，说明万用表红表笔相接的一端是负极，另一端就是正极。

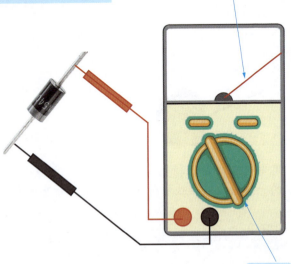

约几百欧

电阻挡

如果测出的电阻较大（约几千欧），那么与万用表红表笔相连接的一端是正极，另一端就是负极。

一个二极管的正、反向电阻差别越大，其性能就越好。如果双向电阻值都较小，说明二极管质量差，不能使用；如果双向阻值都为无穷大，则说明该二极管已经断路。如双向阻值均为零，说明二极管已被击穿。

1.7　三极管

1.7.1 三极管

晶体三极管简称晶体管、三极管，也称为双极型三极管（Bipolar Junction Tran-sistor，BJT)，它是电子电路中的主要放大器件。

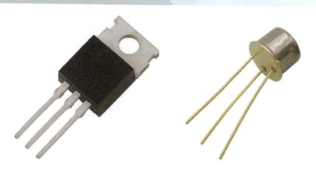

通过一定的制作工艺使 3 层半导体形成 2 个 PN 结，自 3 层半导体各引出 1 个电极，然后用管壳封装，就构成了组成各种电子电路的核心半导体器件——三极管。

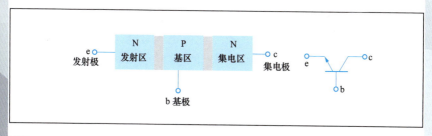

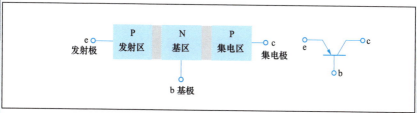

NPN 型三极管由两块 N 型材料和一块 P 型材料组成。PNP 型三极管由两块 P 型材料和一块 N 型材料组成。符号中的箭头表示发射结加正向电压时的内部电流方向。

达林顿管

达林顿管是达林顿三极管的简称。所谓达林顿管就是连接在一起的两只三极管，又称复合管。

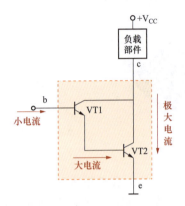

达林顿管的放大倍数是两个三极管放大倍数的乘积。三极管作为前置放大管产生推动 VT2 的基极电流，VT2 作为末级放大管其输出与控制电路是隔离的，将电流继续放大以驱动负载部件。由于达林顿管具有增益高、开关速度快、能简化电路设计等优点，主要用于大功率开关电路、电机调速，也用于驱动继电器以及驱动 LED 智能显示屏等。

光敏三极管

光敏三极管在原理上类似于三极管，只是它的集电结为光敏二极管结构。它的等效电路和符号如下图所示。

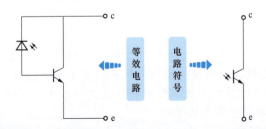

光敏三极管在汽车方面主要应用于传感器中。

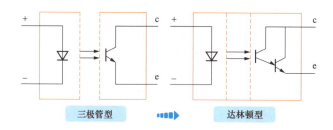

将发光二极管和光敏三极管组合在一起，可实现以光信号为媒介的电信号的转换，采用这种组合方式的器件称为光电耦合器。

光耦合器结构

在汽车上，光电式传感器被应用到许多场合，主要有曲轴位置检测、车高位置检测、转向角度检测、车速传感器等。

1.7.3 检测三极管

识别三极管引脚

识别中小塑料三极管的引脚

将元件平面朝向自己，三个引脚朝下放置，一般从左到右依次为发射极 e、基极 b 和集电极 c。

27

识别金属三极管引脚

金属帽型三极管底端有个小突起，距离这个突起最近的是发射极 e，然后沿顺时针依次是基极 b、集电极 c。

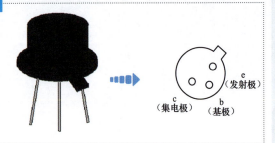

达林顿（复合管）三极管的检测

以 NPN 型达林顿管为例，选用指针式万用表，量程置于 $R \times 10k$ 挡，若达林顿三极管正常，则有如下规律。

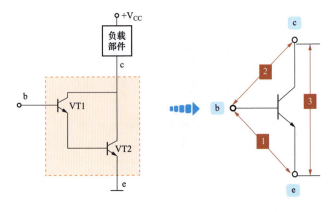

（1）b、e 极之间正向电阻（黑表笔接 b，红表笔接 e）小，但其反向电阻无穷大。

（2）b、c 极之间正向电阻（黑表笔接 b，红表笔接 c）小，反向电阻接近无穷大。

（3）e、c 极之间正、反向电阻都接近无穷大。

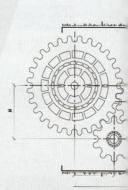

汽车基本电路与电路识图

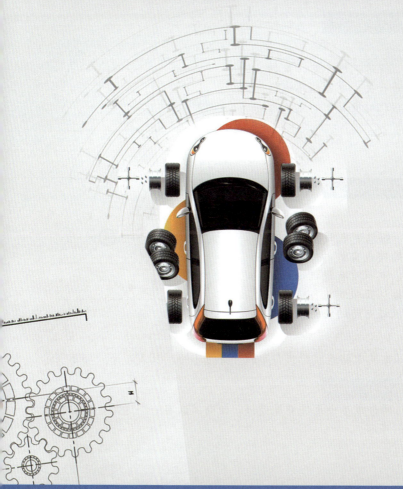

2.1 汽车基本电路

2.1.1 基本电路形式

在讲述基本电路形式之前，先来讲述通路、断路和短路三种状态。

通路

通路也叫回路，是指电源的一端沿着导线经过负载最终回到电源另一端的闭合电路。

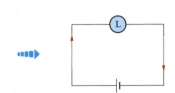

断路

断路也叫开路，是指断开开关，电源构不成回路，此时电路中的电流为零。

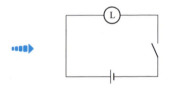

短路

短路是负载被导线直接短接或负载内部击穿损坏，电荷没有经过负载，直接从正极到达负极，此时流过电路的电流很大。

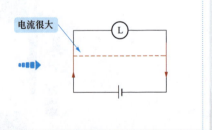

基本的电路连接形式有串联、并联电路，其表现形式如下所示。

串联电路

两个或多个元件首尾连接，使电流只有一个通路，这种连接方式叫串联。

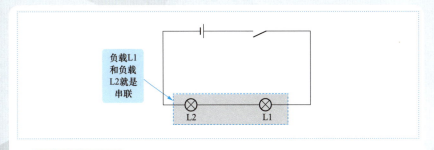

并联电路

若干个元件首、首连接，尾、尾连接到一个电源上，这种连接方法叫并联。

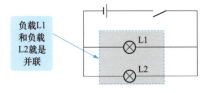

2.1.2 电源串联电路

将供电电源串联在电路中，可以将各部分电压相加起来，将各电源彼此同极相对时就会消减电压。最大电流由最弱的供电电源决定。

如下图所示，串联连接供电电源时，各部分电压相加形成总电压，同理，将各内阻阻抗相加即得到总内阻抗。

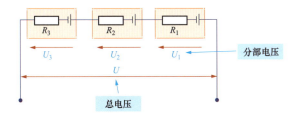

>> 小提示

在具有电阻、电感和电容的电路里，对电路中的电流所起的阻碍作用叫作阻抗。

2.1.3 电源并联电路

与前文类似，将供电电源并联起来就构成了电源并联电路。但是必须确保所并联的所有电源都具有相同的标称电压值和内阻抗，必须将各电源的同极彼此相连，否则可能会对供电电源造成无法修复的损坏或破坏。

各部分电流相加形成总电流，各内阻抗并联连接在一起。

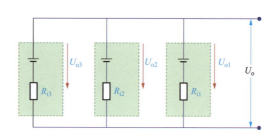

>> 小提示

如果将不同容量和充电状态的蓄电池并联在一起，只能在短时间内保持这种连接状态，以免蓄电池过热。

2.1.4 桥接电路

桥接电路是指对两对串联的电阻器并联在一起，电压沿桥的对角线方向分配。

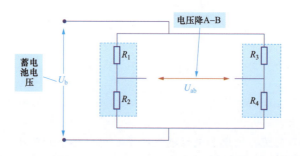

2.2.1 模拟信号 / 模拟电路

　　模拟电路是指用来对模拟信号进行传输、变换、处理、放大、测量和显示等工作的电路。

　　模拟电路的特点是可以为 0 ～ 100% 的任何数值。

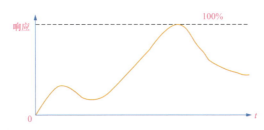

　　通过上图的模拟信号可以看出 NTC 电阻的电压与温度成正比，这就是典型的模拟信号。

2.2.2 数字信号 / 数字电路

　　用数字信号完成对数字量进行算术运算和逻辑运算的电路称为数字电路，或数字系统。由于它具有逻辑运算和逻辑处理功能，所以又称数字逻辑电路。

二进制信号

　　二进制信号只能识别两种状态：

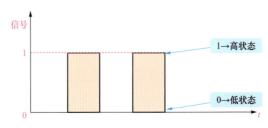

　　使用开关晶体管可以处理二进制信号。在机动车电子系统中，许多信息是使用二进制方式记录、处理和输出的。

数字信号

二进制信号可以简单准确地描述状态，但汽车电子系统涉及的内容需要比二进制信号处理结果更为准确的信息和测量值，例如车内温度用"热"或"冷"不能提供有效的温度控制，所以将几个二进制信号组成一组数字信号。

第 2 个二进制位	第 1 个二进制位	第 0 个二进制位
0/1	0/1	0/1

数字值随二进制位数组合的增加而增加。得出了以上 3 位二进数的组合，并构成了以下 8 个不同数值。

0	0	0	0
0	0	1	1
0	1	0	2
0	1	1	3
1	0	0	4
1	0	1	5
1	1	0	6
1	1	1	7

使用模拟方式表示信息和测量值具有变化无限且精度高的优点。

模拟信号

但是，模拟信号不能识别和校正处理过程中电气故障造成的错误。模拟信息的存储非常复杂。

二进制信号则可以很方便地获取、处理、复制和保存。它们的精度取决于位数。因此，汽车中所有复杂的开环和闭环控制系统均采用数字信号。

数字信号

但是，数字信号对于许多信息应用来说，表现精度是不够的。

2.2.3 信号电平

在数字电路中，经常有"高电平""低电平"的说法，实际上由于各种信号间的相互作用，电压电平需要定义一个电压范围。

假如在一个电路中，在输入端和输出端装入电子开关。不管负载是对地（低电平）还是对电源（高电平）都要保证差异，以下表示在 12V 系统中使用的信号电平。

信号	电平	符号	电压	范围
0	L（低）	0	0V	0 ~ 2V
1	H（高）	1	12V	6 ~ 12V

以上显示的二进制变量"0"和"1"很容易区分。不应出现 2 ~ 6V 的电压值并且未被定义。

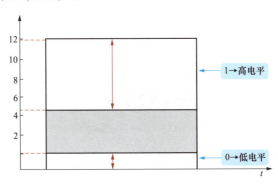

所以，可以根据电路的结构自由选择电平和禁止范围。馈电电压越高，电路的抗干扰能力越强。

2.2.4 逻辑电路

在汽车电气／电子系统中需要触发和执行大量的开关操作。带有大电流开关触点的继电器用于切换大功率负载。但是，如果机械触点仅流过很小的电流，那么很快灰尘颗粒就会造成接触问题，造成开关故障。鉴于以上原因，当前控制信号的逻辑操作使用的是电子电路。

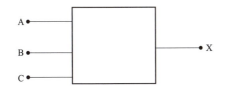

电路中与其相关的输出信号不仅取决于输入信号的数值，还取决于逻辑功能，因此被称为逻辑电路

逻辑电路在增加工作可靠性的同时降低了功耗、减小了设备体积和重量。

35

2.3 集成电路

2.3.1 集成电路

集成电路（Integrated Circuit，IC）是通过特殊的半导体工艺方法，把晶体管、电阻及电容等电路元器件和它们之间的连线，全部集成在同一块半导体基片上，最后再进行封装，做成一个完整的电路。

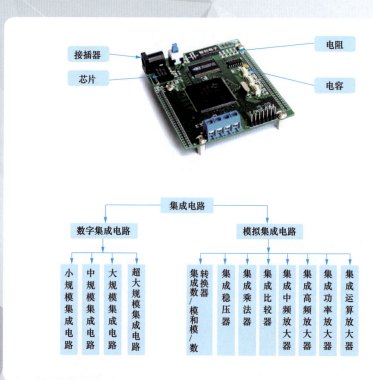

2.3.2 集成电路的引脚识别

汽车中常用的集成电路外形有单列直插式、双列直插式、四方扁平式三种。

单列直插式

对于单列直插式IC，打点或带小坑的为1脚，按从左到右的顺序数。

双列直插式和四方扁平式

从起始脚开始，按逆时针方向数，一般打点或带小坑的为1脚，有的IC以缺口槽为起始标志，正对缺口槽，左下角就为1脚。

芯片表面字正方向左下脚圈点为1脚标志，然后按照逆时针方向，就可以确定其他引脚

2.3.3 集成电路的检测与维修

集成电路出现故障一般是局部损坏，比如击穿、开路或短路等。对于集成电路是否损坏，可以通过从各个方面测试集成电路的工作状态，用与正常时的工作状态做比较的方法来判定。

检测集成电路各引脚的对地电压值和电阻值，其中测量电压值必须在电路处于工作状态时进行，测量电阻值则应在断电静态状态下进行，其检测电压方法如下。

检查集成电路各引脚对地的直流电压

集成电路都有一个接地引脚 (GND)，可以使用万用表的直流电压挡，将两个引脚按下图方式进行检测。

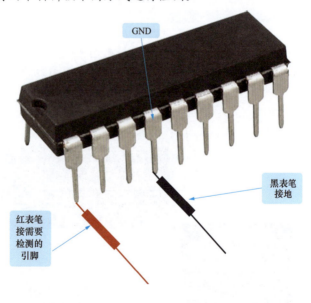

GND

黑表笔接地

红表笔接需要检测的引脚

检查集成电路各引脚的对地电阻值

对于有故障的电路，断电后检查对地电阻更安全。万用表应选择 $R \times 100\Omega$ 挡。

使用电烙铁拆卸集成电路

电烙铁是拆卸集成电路时经常使用的工具，其拆卸方法如下。

1 用电烙铁把焊锡熔化加到 IC 两边的焊脚并短路（即两边短接在一起，右边短接在一起，电烙铁温度可调到最高），焊锡尽量多些，盖住每个焊脚。

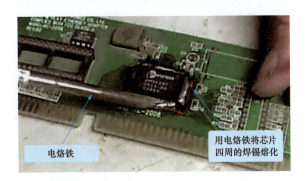

电烙铁

用电烙铁将芯片
四周的焊锡熔化

2 等焊锡全部熔化时，用镊子移开 IC。

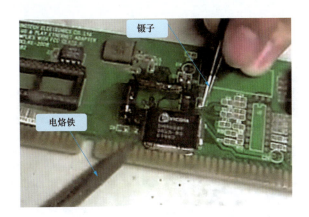

镊子

电烙铁

3 用烙铁把主板多余的焊锡除掉并清理焊盘，把 IC 焊脚上多余的焊锡也清除掉，保证 IC 焊脚平整。

对于脚位数目较多且脚位间距较大的 IC，用电烙铁拆卸不方便时，可以使用热风枪拆卸。

1 将热风枪的风力调到 3 挡，温度也调到 3 挡。

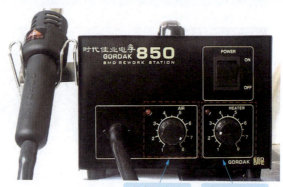

风力调到3挡　　　温度调到3挡

2 将风嘴沿 IC 两边焊脚上移动加热，当焊锡熔化时，用镊子取下即可。

出风口对准芯片焊脚　　　焊锡熔化后，用镊子取下

安装集成电路

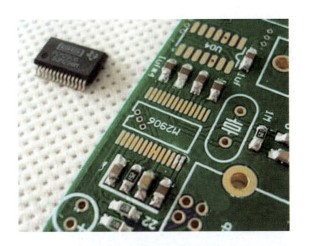

1 将集成电路的引脚逐一安装在焊脚内，然后进行固定。

将引脚焊接

将引脚焊接

2 使用松香，对焊脚进行加工。细裸铜丝成扎，用烙铁把松香融化，铜丝加上松香。

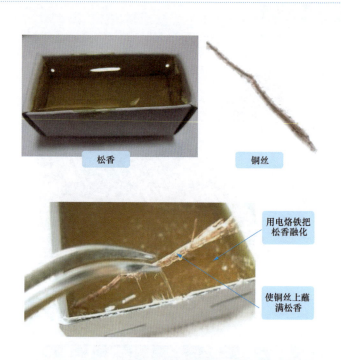

松香

铜丝

用电烙铁把松香融化

使铜丝上蘸满松香

3 把加上松香的铜丝放到 IC 引脚上，再用烙铁加热铜丝与引脚。这样可以让铜丝吸走 IC 引脚上的多余的锡。

用铜丝吸走引脚上多余的焊锡

2.3.4 汽车用典型集成电路识别

汽车用电桥信号放大电路

电信号放大电路的作用就是将信号转换为电压信号并放大，在汽车电路中，若要对温度、压力或形变等信息进行检测，可采用如下图所示的电桥信号放大电路。

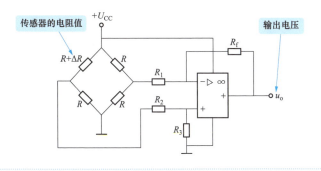

当传感器的阻值没有变化时	➡	也就是说ΔR=0时，电桥平衡	➡	电路输出电压$u_o=0$

汽车电喷发动机中，用来测量进气量的进气压力传感器是由压敏电阻和集成放大器制成的。这种传感器被广泛使用，如捷达轿车即采用了该传感器。

汽车用电压比较器

电压比较器是对输入信号进行鉴别与比较的电路，在汽车上经常使用的氧传感器连线电路。

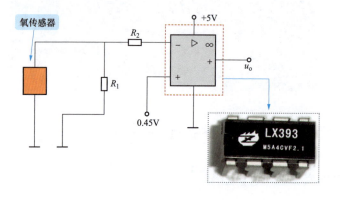

汽车用滞回比较器

滞回比较器又称施密特触发器，迟滞比较器。这种比较器的特点是当输入信号逐渐增大或逐渐减小时，会出现两个阈值，且不相等，其传输特性具有"滞回"曲线的形状。

44

滞回比较器在汽车上典型的应用就是在汽车的防抱死制动系统（ABS）中。车轮的速度是靠轮速传感器来传递给 ECU 的。

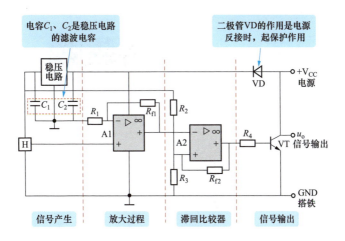

信号产生 ◀◀◀▶ 由霍尔元件构成的信号产生部分

放大过程 ◀◀◀▶ 由 A1、R_1、R_{f1} 组成的放大部分

滞回比较器 ◀◀◀▶ 由 A2、R_2、R_3、R_{f2} 组成的滞回比较器

信号输出 ◀◀◀▶ 晶体管 VT 构成的输出部分

| 1 | 霍尔元件感受触发齿轮转动带来的磁场变化而产生微弱的正弦波信号 | 2 | 信号经放大器 A1 放大后，送到比较器 A2 |
| 3 | 电阻 R_2、R_3 向比较器 A2 提供了基准电压 | 4 | A2 输出经过滞回整形的脉冲信号 |

汽车用窗口比较器

"窗口比较器"又叫"双限比较器"，是指在输入信号的上升沿和下降沿翻转电压不同的比较器，两个电压之间的值为窗口宽度。

在汽车中主要应用在充电系统电路中。当电路中的电压不正常（过高或过低）时，报警器发出警报，这就是由汽车充电电压监视器电路实现的。

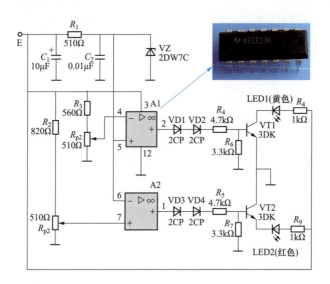

充电系统电压＞14.5V时 ▶▶▶ A1 反相端检测到的电压和同相端检测到的电压都大于基准电压，比较器 A1 输出电压为零，三极管 VT1 不能导通，LED1（黄色）不亮；比较器 A2 输出电压为电源电压，驱动三极管 VT2 导通，发光二极管 LED2（红色）发光，指示电压过高。

充电系统电压＜12V时 ▶▶▶ A1 反相端检测到的电压和 A2 同相端检测到的电压都小于基准电压，比较器 A2 输出电压为零，三极管 VT2 不能导通，LED2（红色）不亮；比较器电源电压，驱动三极管 VT1 导通，发光二极管 LED1（黄色）发光，指示电压过低。

充电系统电压介于 14.5～12V时 ▶▶▶ A1 反相端检测到的电压大于基准电压，比较器 A1 输出电压为零，三极管 VT1 不能导通。A2 同相端检测到的电压小于基准电压，比较器 A2 输出电压为零，三极管 VT2 不能导通。LED1 和 LED2 都不亮，指示电压正常。

2.4　汽车电路识图

2.4.1 汽车电路特点

为了使汽车的电器设备工作，应按照它们各自的工作特性及相互间的内在联系，用导线和车体把电源、电路保护装置、控制器件及用电设备等装置连接起来，构成能使电流流通的路径，这种路径称为汽车电路。其特点包括：

低压 ▸▸▸ 汽车电气系统的标称电压有 12V、24V 两种，轿车普遍采用 12V，而重型柴油车多采用 24V。低压系统的主要优点是：安全；蓄电池单格数少，对减少蓄电池的质量和尺寸有利。

直流 ▸▸▸ 汽车采用直流系统的原因是发动机要靠起动机起动，起动机由蓄电池供电，而蓄电池的电能消耗后又必须用直流电充电，所以汽车电气系统为直流系统。

单线制 ▸▸ 单线制是指从电源到用电设备只用一根导线连接，用汽车底盘、发动机等金属机体作为另一根共用导线，线路简化清晰，安装和检修方便，且电器部件也不需与车体绝缘，所以现代汽车普遍采用单线制，但在特殊情况下，有时也需采用双线制。

并联 ▸▸▸ 为了让各用电器能独立工作，互不干扰，各用电器均采用并联方式连接，每条电路均有自己的控制器件及保险装置。控制器件保证每条电路能独立工作，保险装置是用来防止因电路短路或超载而引起导线及用电器的损坏。

负极搭铁 ▸▸ 采用单线制时，蓄电池的一个电极接到车体上，称为"搭铁"。若蓄电池用负极与车体连接，则称为负极搭铁。现在国内外汽车均统一采用负极搭铁。

2.4.2 汽车电路构成及分类

汽车电路主要由电源、电路保护装置、控制器件、用电设备及导线组成。

电源

汽车上装备的两个电源——蓄电池和发电机。其作用是保证汽车各用电设备在不同情况下都能正常工作。

蓄电池

发电机

电路保护装置

电路保护装置主要有熔丝（俗称保险丝）、电路断电器及易熔线等，其在电路中起保护作用。

熔丝

易熔线

电路断电器

当电路中流过超过规定的电流时切断电路，防止烧坏电路连接导线和用电设备，把故障限制在最小范围内。

用电设备

包括发动机、电磁阀、灯泡、仪表、各种电子控制器件和部分传感器等。

发动机

仪表

传感器

导线

导线用于将以上各种装置连接起来构成电路。此外，汽车上通常用车体代替部分从用电器返回电源的导线。

导线接插器

导线接插器

电源电路、搭铁电路及控制电路（或信号电路）

汽车电路根据各自的功能不同，一般可分为电源电路、搭铁电路及控制电路。

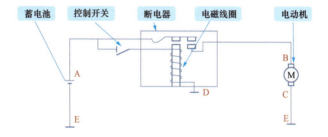

电源电路

电源电路主要是为电器部件提供电源，图中从蓄电池正极到电动机之间的线路 AB 段为电器部件（电动机）的电源电路。

搭铁电路

图中从电动机到蓄电池负极之间的线路 CE 段为电器部件（电动机）的搭铁电路。

控制电路

控制电路主要是控制电器部件是否工作。图中控制器件为开关和继电器，电器部件（电动机）的控制电路为经过控制开关和继电器电磁线圈线路 AD 段。

　　根据控制器件与用电部件之间是否使用继电器，可分为直接控制电路和间接控制电路。

直接控制电路

　　直接控制电路是最基本、最简单的电路。这种控制电路中不使用继电器、控制器件与用电器串联，直接控制用电器。

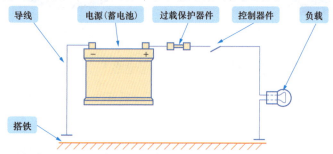

　　直接控制电路为：蓄电池正极→过载保护器件→控制器件→用电部件（负载）→搭铁→蓄电池负极。

间接控制电路

　　在控制器件与用电部件之间使用继电器或电子控制器的电路称为间接控制电路。

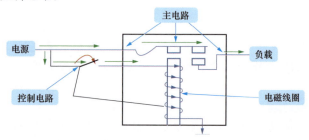

　　继电器或电子控制器对受其控制的用电器来讲是控制器件，但继电器和晶体管同时又受到各种开关、电控单元等控制器件的控制，从这个意义上来讲，它们又是执行器件，所以它们具有双重性。

2.4.3 汽车电路图的分类

　　为了能够清楚地表现汽车电路，在展现时常有以下几种形式：

接线图是按照电气设备在汽车上安装位置来绘制的电路图。

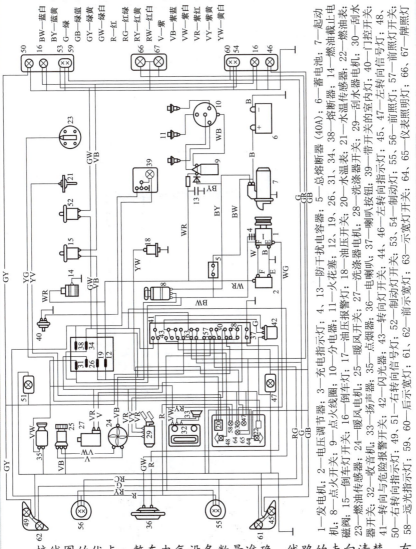

接线图的优点：整车电气设备数量准确，线路的走向清楚，有始有终，便于循线跟踪，查找起来比较方便。

接线图的缺点：图上电线纵横交错，识图、画图费时费力，不易抓住电路重点、难点；不易表达电路内部结构与工作原理。

布线图

　　布线图主要是表明电线束与各用电器的连接部位、接线柱的标记、插接器的形状及位置等，它是人们在汽车上能够实际接触到的汽车电路图。

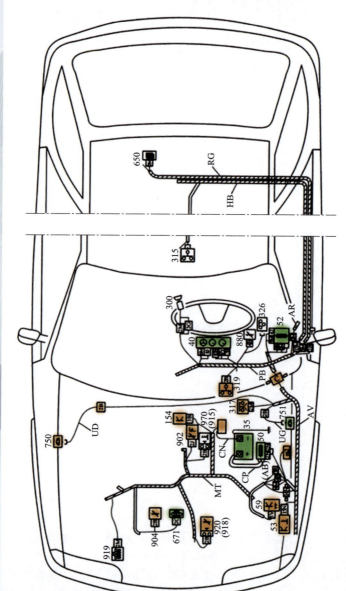

35—蓄电池；40—仪表板；50—发动机罩下熔断器盒；52—车内熔断器盒；53—水温控制盒；154—车速传感器；300—点火开关；315—驻车制动开关；317—液面开关；319—制动灯开关；650—燃油表传感器；671—机油压力表传感器；750—右前制动摩擦片报警器；751—左前制动摩擦片报警器；880—仪表照明变阻器；915—水温传感器；59、902、904、918、920—未用；970—发动机温度报警开关

布线图一般不去详细描绘线束内部的线路走向，只将露在线束外面的线头与插接器做详细编号或用字母标记。若布线图能够与电路原理图或接线图结合起来使用，则会起到更大的作用。

电气原理框图

电气原理框图是采用简化的手法，对汽车全车各部分电路进行处理之后所表现出来的，对于安装没有实际的意义，仅限于学习使用。

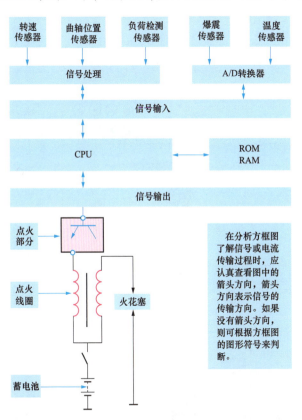

在分析方框图了解信号或电流传输过程时，应认真查看图中的箭头方向，箭头方向表示信号的传输方向。如果没有箭头方向，则可根据方框图的图形符号来判断。

电路原理图

电路原理图是以电路连接最短、最清晰为原则布置图面，且基本表示出电气设备内部电路。

电路原理图既表达了电器之间的连接，又体现了电气设备内部电路情况，容易分析各电器工作时电流的具体路径。因此，电路原理图应用比较广泛。

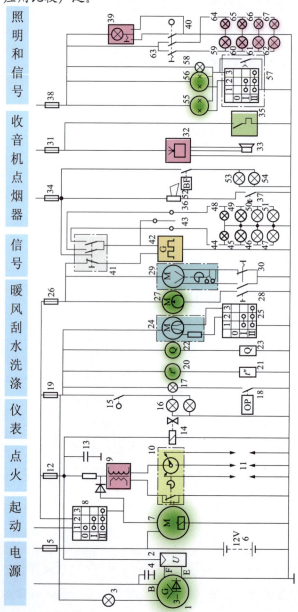

照明和信号 收音机点烟器 信号 暖风刮水洗涤仪表 点火起动电源

1—发电机；2—电压调节器；3—充电指示灯；4、13—防干扰电容器；5—总熔断器（40A）；6—蓄电池；7—起动机；8—点火开关；9—点火线圈；10—分火塞；11—火花塞；12、19、26、31、34、38—熔断器；14—燃油截止电磁阀；15—倒车灯开关；16—倒车灯；17—油压开关；18—油压报警灯；20—水温表；21—水温传感器；22—燃油表；23—燃油传感器；24—暖风电机；25—暖风开关；27—洗涤器电机；28—洗涤器开关；29—刮水器电机；30—刮水器开关；32—收音机；33—扬声器；35—点烟器；36—电喇叭；37—喇叭按钮；39—带开关的室内灯；40—门控灯；41—转向与危险报警开关；42—闪光器；43—转向灯开关；44、46—左右转向指示灯；45、47—左右转向信号灯；48、50—右右转向指示灯；49、51—右转向灯；52—制动灯开关；53、54—制动灯；55、56—仪表照明灯；57—前照灯开关；58—远光指示灯；59、60—前示宽灯；61、62—后示宽灯；63—示宽灯开关；64、65—仪表照明灯；66、67—牌照灯

54

整车电路原理图

为了生产与教学的需要，常常需要尽快找到某条电路的始末，以便确定故障的部位。

整车电路图的优点

在此图上建立起电位高、低的概念：其负极"–"搭铁，电位最低，可用图中的最下面一条线表示；正极"+"电位最高，用最上面的一条线表示。

尽最大可能减少电线的曲折与交叉，布局合理，图面简洁、清晰，图形符号考虑到元器件的外形与内部结构，便于读者联想、易读、易画。

整车电路原理图

整车电路图的缺点

图形符号不太规范，容易各行其是，不利于与国际标准统一，也不利于对外交流。

近年来，推行了以德国博世公司为基础的，经多年使用并修改定稿的《汽车电路图与图形符号》。

局部电路原理图

为了弄清汽车电器的内部结构，各个部件之间相互连接的关系，弄懂某个局部电路的工作原理，常从整车电路图中抽出某个需要研究的局部电路，将重点部位进行放大、绘制并加以说明。

局部电路图的优点

局部汽车电路原理图的电气设备少、幅面小，看起来简单明了、易读易绘。

局部电路图的缺点

只能了解电路的局部。

2.4.4 识别电路接插器和连接器

认识线路图上的插接器，了解各导线是如何与插接器连接的是识读电路图的重要前提。一般插接器用代码标注，标注内容有两点。

一是插接器的代码，根据代码可以从定位图上找到其安装位置。

二是插接器上的端子代码，它与插接器的平面图上各端子相对应。

插接器上往往有多个端子，所以必须通过端子排列图来明确各端子的连接，如下图所示：

2.4.5 识别电路熔断丝和熔断丝盒

在读图时应先从电器定位图了解各盒在车上的安装位置，然后再通过各盒的内部线路图了解盒内的连接关系，如下图所示：

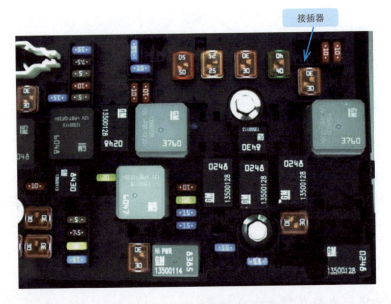

在整车电路中，各个连接器或者插接件都是一一对应的，插头和插座导线相同且颜色相同。为防止汽车颠簸时连接器或插接件松动，各种连接器或插接件都有锁闭卡，拆卸时要注意锁闭卡的朝向，打开锁闭卡，然后再拆卸连接器或插接件插头。

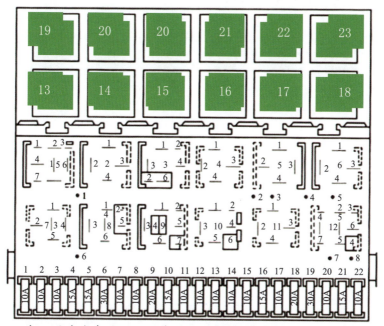

以本田思域汽车为例，该车的接插器有以下几种。

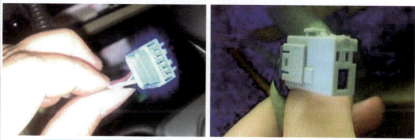

紧急危险灯插接器

CD机电源插接器

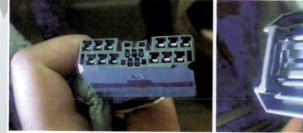

CD机数据线插接器

CD机数据线插接器

2.4.6 识别电路应用继电器

继电器是自动控制中常用的一种元件，它是利用电磁感应原理以较小的电流来控制较大电流的自动开关，在电路中起着自动操作、自动调节、安全保护等作用。

继电器的电路符号如下：

名称	符号	字母代号	
		中国	美国
动合（常开）触点继电器	或	H	A
动断（常闭）触点继电器		D	B
先断后合转换触点继电器		Z	C
先合后断转换触点继电器	或	B	D
常开中和触点继电器		E	K
双动合触点继电器		SH	X
双动继触点继电器		SD	Y

继电器的种类很多，汽车上常用的有电磁式和弹簧式两种。汽车上许多电器部件需要用开关进行控制，常用的继电器有：起动继电器、喇叭继电器、闪光（转向）继电器、刮水继电器等几种。

起动继电器

在采用电磁啮合式起动机的起动电路中，起动开关常与点火开关制成一体，通过起动机电磁开关的电流很大（大功率起动机可达30～40A），而使点火开关早期损坏。

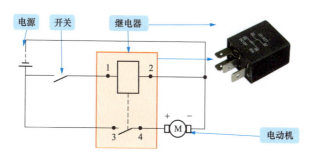

闪光继电器

闪光继电器又称为闪光器，按其结构不同，可分为阻丝式、电容式和电子式三种。其中阻丝式又可分为热丝式（电热式）和翼片式（弹跳式）。以热丝式闪光器为例，其结构与工作原理如下：

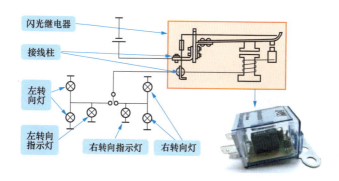

转向灯的闪光频率为50～110 次/min，但一般控制为60～95次/min。

　　汽车常用的刮水继电器为间歇继电器，一般由多个挡位（小轿车为 3 个）构成，其电路如下：

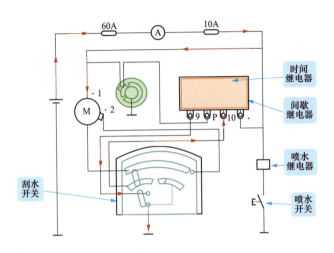

　　　　　　　　　　　　　　　　　　　　　　　　　时间
　　　　　　　　　　　　　　　　　　　　　　　　　继电器

　　　　　　　　　　　　　　　　　　　　　　　　　间歇
　　　　　　　　　　　　　　　　　　　　　　　　　继电器

　　　　　　　　　　　　　　　　　　　　　　　　　喷水
　　　　　　　　　　　　　　　　　　　　　　　　　继电器

　　　　　　　　　　　　　　　　　　　　　　　　　喷水
　　　　　　　　　　　　　　　　　　　　　　　　　开关

刮水
开关

雨刮间歇状态电路过程

　　蓄电池正极→总熔断器（60A）→电流表→熔断器（10A）→刮水电动机电枢绕组→刮水器开关内部触点→间歇继电器接线柱 10 →常开触点 A →刮水器

2.4.7 识别电路应用导线

　　汽车电气设备的连接导线均为绝缘包层多股铜线，按所能承受电压的高低，可分为低压导线和高压导线两种。

■■ 低压导线

　　低压导线按其用途可分为普通低压导线和低压电缆线。

普通低压导线

　　汽车充电系统、仪表、照明、信号和辅助电器设备等，均使用普通低压导线。

采用聚氯乙烯作绝
缘包层的QVR型

采用聚氯乙烯丁腈橡胶复
合物作绝缘包层的QFR型

　　两种导线绝缘层的耐低温性、耐油性和阻燃性都比较好，尤以QFR 型为佳。

低压电缆线

　　起动机与蓄电池的连接线、蓄电池与车架的搭铁线等则采用低压电缆线。

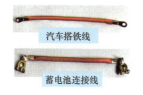
汽车搭铁线
蓄电池连接线

起动机导线

| 汽车搭铁线 | 铅蓄电池的搭铁线是由铜丝编成的扁形软导线，两端焊有接线卡，国产定型的常见搭铁线有 300mm、450mm、600mm、760mm 等几种。 |

汽车搭铁线 ▸ 铅蓄电池的搭铁线是由铜丝编成的扁形软导线，两端焊有接线卡，国产定型的常见搭铁线有 300mm、450mm、600mm、760mm 等几种。

蓄电池连接线 ▸ 标称横截面积一般在 4 ~ 25mm^2 范围内，允许载流量为 25 ~ 200A，通常都已制成定型产品，长度有 200mm 和 300mm 两种。

起动机导线 ▸ 此导线是指起动机开关主接线柱与铅蓄电池的连接导线，标称横截面积一般在 16 ~ 95mm^2 范围内，允许载流量为 200 ~ 1000A。

高压导线

　　高压线在汽车上主要应用是点火线，常用的点火线按其结构分为普通铜芯高压线和高压阻尼线两种。

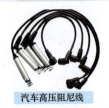
汽车高压阻尼线

汽车铜芯高压线

汽车电路中的导线标注

导线标注

为便于在线束中查找导线，在电路原理图中，一般要对导线的线径、颜色甚至所属的电气系统做出标注。

线径

一般用数字表示，数字大小代表导线的横截面积（单位 mm^2）。

导线颜色

一般用字母作代码，表示如下。

颜色	英文	丰田	本田	通用	福特	克莱斯勒	宝马	奔驰	三菱
黑色	black	B	BLK	BLK	BK	BK	BK	SW	B
棕色	brown	BR	BRN	BRN	BR	BR	BR	BR	BR
红色	red	R	RED	RED	R	RD	RD	RT	R
黄色	yellow	Y	YEL	YEL	Y	YL	YL	GE	Y
绿色	green	G	GRN	GRN	GN		GN	GN	G
蓝色	blue	L	BLU	BLU	BL		BU	BL	L
紫罗兰色	violet	V				VT	V1	V1	V
灰色	gray	GR	GRY	GRY	GY	GY	GY	GR	GR
白色	white	W	WHT	WIIT	W	WT	WT	WS	W
粉红色	pink	P	PND	PNK	PK	PK	PK		P
橙色	orange	O	ORN	ORN	O	OR	OR	OR	O

颜色	英文	丰田	本田	通用	福特	克莱斯勒	宝马	奔驰	三菱
褐色	tan			TAN	T	TN	TN		
本色	natural				N				
紫色	purple			PPL	P				
深蓝色	dark blue			DKBLU		DB			
深绿色	dark green			DKGRN		DG			
浅蓝色	light blue			LTBLU		LB			SB
浅绿色	light green			LTGRN		LG			LG
透明色	cleat			CLR					
象牙色	ivory							EI	
玫瑰色	rose							RS	

接线柱标注

接线柱标注常用代码，大众/奥迪车系接线代码见下表。

端子	说　明	端子	说　明
1	点火线圈负极端（转速信号）	53	刮水器电动机接电源正极端
4	点火线圈中央高压线输出端	53a、c	其他刮水器电动机接线端
15	点火开关在"ON""ST"时有电的接线端	54	制动灯电源端
		56	前照灯变光开关正极端
30	接蓄电池正极的接线端，还用31a、31b、31c表示	56a	远光灯接线端
		56b	近光灯接线端
31	接地端、接蓄电池负极	58	停车灯正极端
49	转向信号输入端	61	发电机接充电指示灯端
49a	转向信号输出端	67	交流发电机励磁端
50	起动机控制端。当点火开关在"START"时有电	85	继电器电磁线圈接地端

端子	说　明	端子	说　明
86	继电器电磁线圈供电端	D+	发电机正极输出端
87	继电器触点输入端	D	同 D+
87a	当继电器线圈没有电流时，继电器触点输出端	D-	接地、接蓄电池负极
		DF	交流发电机励磁电路的控制端
87b	当继电器线圈有电流时，继电器触点输出端	DYN	同 D+
		E	同 DF
88	继电器触点输入端	EXC	励磁端，同 DF
88a	继电器触点输出端	F	励磁端，同 DF
B+	交流发电机输出墙、接蓄电池正极	IND	指示灯，同 61
B-	接地、接蓄电池负极	+	辅助的正极输出

2.4.8 识读汽车电路的要领

查找电源和搭铁

在识读电路图时要看懂电源的来龙去脉，查看电源就是要看清楚蓄电池的电源都供给了哪些元件。例如，查看大众车系搭铁要看清楚电路中是直接搭铁（31 号线）还是间接搭铁（在车身上的位置）。

牢记回路

通过查看电源线和搭铁线，可以了解一个电路的基本构成，但是并没有体现出电路的内在联系和规律。因此根据回路原则看哪些元件共用一根线。将一个复杂的电路简化成个简单的电路，从而及时准确地判断并排除电路故障。

化整为零

一般情况下，一个完整的电路图很复杂，似乎很难读懂，但如果根据需要把整个电路图分成几个部分就比较容易读懂。

例如，把某车型汽车电路分成电源、起动、点火、仪表与报警、电喇叭与暖风、照明信号等部分阅读，就比较容易读懂。

2.5.1 宝马汽车电路识图

宝马汽车电路识读

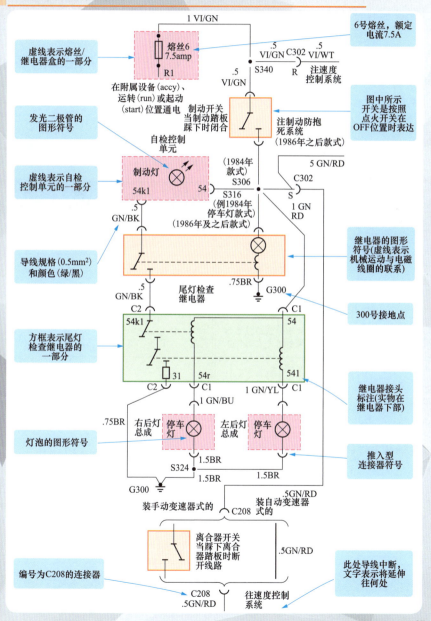

虚线表示熔丝/继电器盒的一部分

1 VI/GN

熔丝6
7.5amp
R1

在附属设备(accy)、运转(run)或起动(start)位置通电

6号熔丝，额定电流7.5A

.5
VI/GN C302 .5
VI/WT
R
注速度控制系统
S340

.5
VI/GN

发光二极管的图形符号

自检控制单元

制动开关当制动踏板踩下时闭合

注制动防抱死系统(1986年之后款式)

图中所示开关是按照点火开关在OFF位置时表达

虚线表示自检控制单元的一部分

制动灯
54k1
54

(1984年款式)
S306

5 GN/RD

S316
(例1984年停车灯款式)
(1986年及之后款式)

C302
S

1 GN
RD

导线规格(0.5mm²)和颜色(绿/黑)

GN/BK

继电器的图形符号(虚线表示机械运动与电磁线圈的联系)

尾灯检查继电器

.5
GN/BK

.75BR

G300

300号接地点

方框表示尾灯检查继电器的一部分

C2
54k1

54
C1

31
54r

541

C2
C1

1 GN/BU

1 GN/YL
C1

继电器接头标注(实物在继电器下部)

灯泡的图形符号

.75BR

右后灯总成
停车灯

左后灯总成
停车灯

推入型连接器符号

S324

1.5BR

1.5BR

1.5BR

G300

.5GN/RD

装手动变速器式的
C208
装自动变速器式的

.5GN/RD

编号为C208的连接器

离合器开关当踩下离合器踏板时断开线路

此处导线中断，文字表示将延伸往何处

C208
.5GN/RD

往速度控制系统

65

宝马汽车电路特点

电路采用低压直流电

　　宝马汽车电路具有普通汽车的电路特点，并且多数电器受两级开关的控制，继电器和开关串联在电路中。

汽车电路由单元电路组合而成

　　尽管宝马汽车电路图非常复杂，但都是由不同功能并且相对独立的单元电路组成。比如充电系统、起动系统等，这些单元电路都有它们自己的特点，在进行电路图识读时，可分系统、单独进行识读分析。

宝马汽车电路符号

符号	含义	符号	含义
	蓄电池		熔断器
	表示部件全部		电阻
	表示部件的一部分		可变电阻
	表示导线连接器用螺钉固定在部件上		二极管
	表示部件外壳搭铁		发光二极管
	表示导线连接器在部件上		灯泡
	多挡开关—表示开关沿虚线摆动，而细虚线表示开关之间的连动关系		爆燃传感器
	开关		电子控制器
	电磁阀		三极管
	线圈		电动机

符号	含义	符号	含义
继电器	.75GN/WS	表示绿色底白色条导线（2个以上颜色的导线）
带保护电阻的继电器	.58R 2.4 ↑ X270 3 .58R	①表示导线 ②表示插接器接头孔代码 ③表示插接器代码
自动变速器　手动变速器 25 BKYL ｜ 2.50K	括号表示了车上可供选择项目在线路上的区分	.58R　.58R 3 ↑ ↑ 4 X270 .58R　.58R	同一插接器标注，用虚线表示"3""4"插脚均属于X270连接插头

导线颜色

英文缩写	颜色	色标	英文缩写	颜色	色标	英文缩写	颜色	色标
BL	蓝色		RD	红色		BK	黑色	
BR	棕色		GR	灰色		VI	紫色	
GE	黄色		OR	橙色		WS	白色	
GN	绿色		RS	粉红色		TR	透明色	

2.5.2 大众／奥迪汽车电路识图

大众／奥迪汽车电路图的特点

纵向排列，垂直布局

电路采用纵向排列，垂直布置电源线为上"+"下"–"，从左到右同一系统的电路归纳到一起。

采用断线代号法解决交叉问题

大众汽车公司采用断线代号法来处理线路复杂交错的问题。例如，某一条线路的上半段在电路号码为10的位置上，下半段在电路号码为25的位置上，在上半段电路的终止处标有一个25，即可说明下半段电路就在电路号码为25的位置上，下半段电路开始处也有10，说明上半段电路就应在电路号码为10的位置上，通过10和25，上、下半段电路就连在一起了。

整车电气系统正极电源分为三路

整车电气系统正极电源分为三路：

"30" 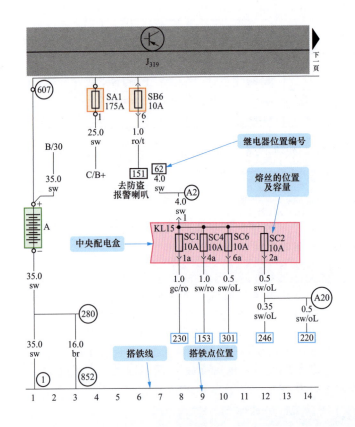 "30"号电源线的电源专门供给发动机熄火时也需要用电的电器作用，如停车灯、报警灯、制动灯、顶灯、冷却风扇电动机。

"15" "15"字样的电源线为小容量用电设备的电源正极。"15"号电源线的电源受点火开关控制，只有在点火开关接通后，用电设备才能通电使用。

"X" 标"X"的为车辆起步运行中才接通的大容量电器用火线，即只有在点火开关接通、卸荷继电器触点闭合时，标号"X"电源线才有电。

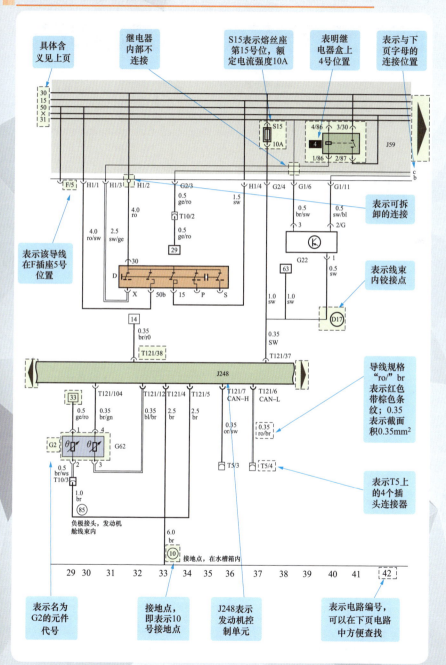

具体含义见上页

继电器内部不连接

S15表示熔丝座第15号位，额定电流强度10A

表明继电器盒上4号位置

表示与下页字母的连接位置

表示该导线在F插座5号位置

表示可拆卸的连接

表示线束内铰接点

导线规格"ro/"br表示红色带棕色条纹；0.35表示截面积0.35mm²

表示T5上的4个插头连接器

表示名为G2的元件代号

接地点，即表示10号接地点

J248表示发动机控制单元

表示电路编号，可以在下页电路中方便查找

符号	含义	符号	含义
	带电压调节器的交流发电机		热敏开关
	起动机		熔丝
	继电器		发光二极管
	感应式传感器		电阻
	压力开关		收放机
	电热丝		蓄电池
	电动机		点火线圈
	电磁阀		接线插座
	电子控制器		爆燃传感器

符号	含义	符号	含义
	显示仪表		多功能显示器
	可变电阻		数字式时钟
	扬声器		后窗除霜器
	火花塞和火花塞插头		双丝灯泡
	撬头连接		电磁离合器
	元件上多针插头连接		多挡手动开关
	氧传感器		机械开关
	喇叭		手动开关
	灯泡		按键开关

大众 / 奥迪汽车电路导线颜色标码说明

字母	导线颜色		字母	导线颜色		字母	导线颜色	
SW	黑色		GE	黄色		LI	紫色	
BR	棕色		GN	绿色		GR	灰色	
RO	红色		BI	蓝色		WS	白色	

奔驰汽车电路图的特点

横纵坐标式电路图

奔驰汽车采用横纵坐标来确定电器在电路图中的位置，其中数字作横坐标、字母作纵坐标。

电气符号用代码及文字标注

奔驰汽车采用横纵坐标来确定电器在电路图中的位置，其中数字作横坐标、字母作纵坐标。

字母	电器种类	字母	电器种类
A	仪表	M	电动机
B	传感器	N	电控单元
C	电容	R	电阻
E	灯	S	开关
F	熔断器盒	T	点火线圈
G	蓄电池、发电机	W	搭铁点
H	喇叭扬声器	X	插接器
K	断电器	Y	电磁阀
L	转速、速度传感器	Z	连接套

导线的颜色符号

较早的奔驰汽车电路图，其中的导线颜色符号大多采用两位大写的英文缩略语，而近些年来，广泛采用的是小写的德文缩略语，导线颜色代码含义参见下表。

字母	导线颜色	字母	导线颜色	字母	导线颜色
BK（bk）	黑色	GN（gn）	绿色	WT（wt）	白色
BR（br）	棕色	BU（bu）	蓝色	PK（pk）	粉红色
RD（rd）	红色	VI（vi）	紫色		
YL（yl）	黄色	GR（gr）	灰色		

除单色线外，奔驰汽车还采用了双色线及三色线，在电路图中，用 VI/YL、SW/WS、BK/YL RD、BR/GN WS 等形式表示。

导线的标识，不仅仅只有线色，还有线粗细。奔驰汽车电路图中，导线的标称横截面积写在线色符号之前，如 0.75RD、2.5BD/YL 等。

奔驰汽车电路图识读

奔驰汽车电路如下。

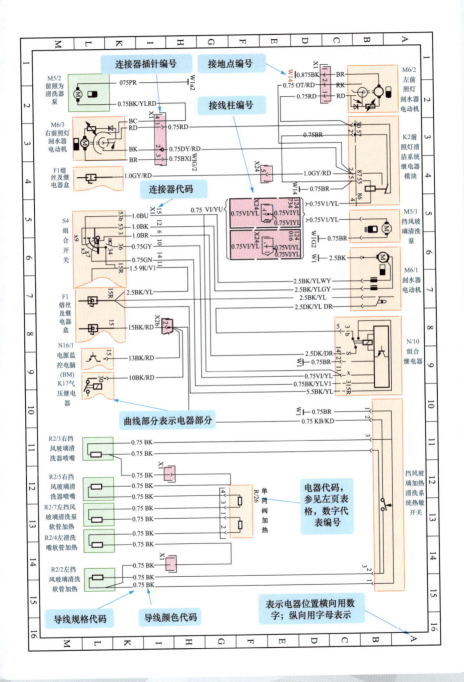

連接器插針編號

接地點編號

接線柱編號

M5/2 前照燈為清洗器泵

075PR

W1a2

0.75BK/YLRD

W14 XI 0.875BK BR
0.75 OT/RD RK
0.75BR RD

M6/2 左前照燈刮水器電動機

M6/3 右前照燈刮水器電動機

BC
RD X1 0.75RD
BK 0.75DY/RD
BR 0.75BXI

30.57 0.75BR
2.5S 1.0GY/RD
87.55 0.75BR
86

K2前照燈清潔系統繼電器模塊

F1熔絲及繼電器盒

1.0GY/RD

X24

連接器代碼

0.75 VI/YU

0.75V1/YL
0.75VIYL

0.75V1/YL

M5/1 擋風玻璃清洗泵

S4組合開關

53b XI 1.0BU
53 1.0BK
36 1.0BR
0.75GY
0.75GN
1.5 K/V1

X24 I24
734 0.75VIYL
0.75VIYL

X24 I24
016 0.75VI/YL
0.75VI/YL

0.75BR 2.5BK

M6/1 刮水器電動機

F1熔絲及繼電器盒

15R

2.5BK/YL

2.5BK/YLWY
2.5BK/YLGY
2.5BK/YL
2.5DK/YL DR

曲線部分表示電器部分

N16/1 電源監控電腦 (BM) K17氣壓繼電器

15
15BK/RD
13BK/RD
10BK/RD

X2b

5 3 b
14 12 11
W1 0.75BR
0.75VI/YL
0.75BK/YLV1
5.5BK/V1

x
3 I5R

N/10 組合繼電器

W1 0.75BR
0.75 KB/KD

R2/3右擋風玻璃清洗噴嘴

0.75 BK
0.75 BK

R2/5右擋風玻璃清洗噴嘴

0.75 BK
0.75 BK

X1

R2/7左擋風玻璃清洗泵軟管加熱

0.75 BK
0.75 BK

4 3 2 1
R.26 單向閥加熱

R2/4左清洗嘴軟管加熱

0.75 BK
0.75 BK

電器代碼，參見左頁表格，數字代表編號

擋風玻璃加熱清洗系統熱敏開關

R2/2左擋風玻璃清洗軟管加熱

X1

0.75 BK
0.75 BK
0.75 BK

導線規格代碼

導線顏色代碼

表示電器位置橫向用數字；縱向用字母表示

73

奔驰汽车电路符号

奔驰汽车电路图符号及含义如下。

符号	含义	符号	含义
	手动开关		熔丝
	手动按键开关		电阻
	自动开关		二极管
	压簧自动开关		电子器件
	压力开关		电磁阀
	温度开关		电磁线圈
	动合触点		点火线圈
	动断触点		火花塞
	蓄电池		指示仪表
	发电机		加热器加热电阻
	起动机		电位计
			可变电阻
			平插头
	直流电动机		圆插头
			螺钉连接
			焊接点
			撬接板

2.5.4 通用汽车电路识图

通用汽车电路特点

通用汽车电路图通常分为四类，分别是电源分配简图、熔丝图、系统电路图和搭铁电路图。

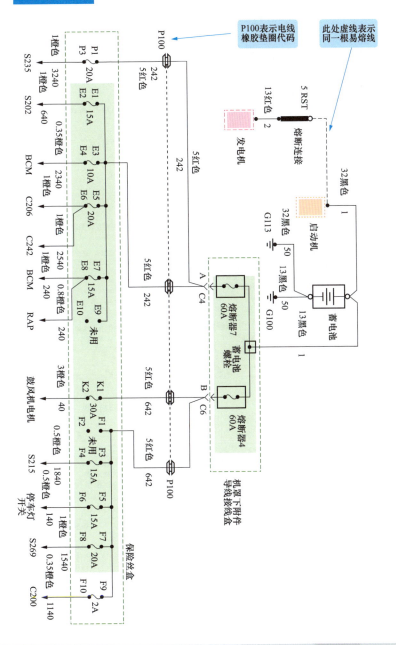

电源分配简图

P100表示电线橡胶垫圈代码

此处虚线表示同一根易熔线

75

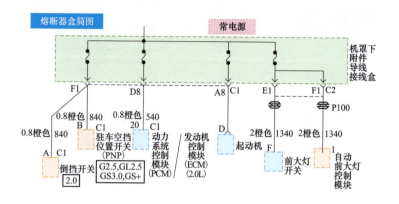

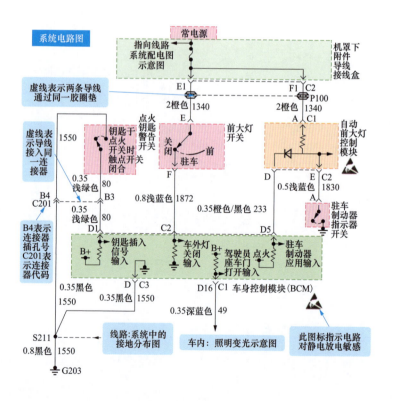

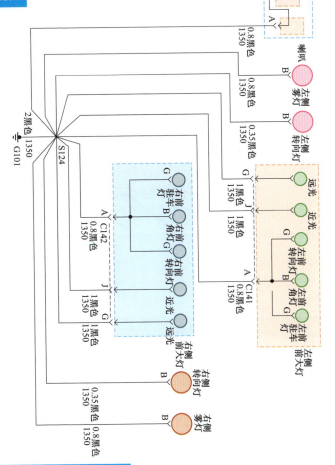

搭铁电路图

电路图标有电源接通说明

　　系统电路图中电源线从上方进入，通常从熔丝处开始，并于熔丝上方用黑线框标注此处与电源之间的通断关系；用电器在中部，接地点在最下方。如果是由电子控制的系统，电路图中除该系统的工作电路外还会包括与该系统工作有关的信号电路（如传感器等）。

电路图中标有电路编号

　　在电路图中各导线除了标明颜色和横截面积外，通常还标有该电路的编码，通过电路编码就可以知道该电路在汽车上的位置，以方便识图和故障查询。

　　所有搭铁、直列式连接器、穿线护环和星形连接器都有与其在车辆上的位置相对应识别代码。

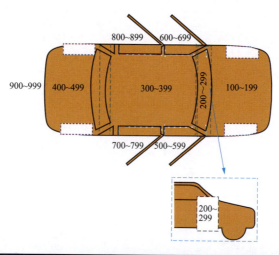

位置分区代码	区 位 说 明
100 ~ 199	发动机舱—仪表板前方的所有区域 备注：001 ~ 099 是发动机舱的备用编码–仅在 100 ~ 199 的所有编号已用完时才使用
200 ~ 299	仪表板区域内
300 ~ 399	乘客舱—从仪表板到后轮罩
400 ~ 499	行李厢—从后轮罩到车辆后端
500 ~ 599	左前门内
600 ~ 699	右前门内
700 ~ 799	左后门内
800 ~ 899	右后门内
900 ~ 999	行李厢盖或储物舱盖

通用汽车电路图识读

　　现以上海别克君威轿车自动变速器控制电路为例，说明通用汽车电路图的识读方法。

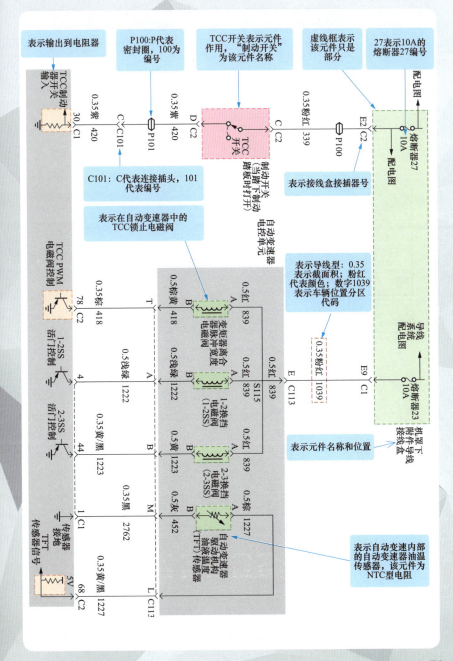

表示输出到电阻器

P100:P代表密封圈，100为编号

TCC开关表示元件作用，"制动开关"为该元件名称

虚线框表示该元件只是部分

27表示10A的熔断器27编号

TCC制动器开关输入

配电图

熔断器27 10A

配电图

0.35紫 30 C1 420

C C101

P101 420 C2

D C2

TCC开关（驾驶员踏板时打开）

制动开关

C C2

0.35粉红 339

P100

E2 C2

导线系统配电图

熔断器23 10A

机罩下附件导线接线盒

C101：C代表连接插头，101代表编号

表示接线盒接插器号

表示在自动变速器中的TCC锁止电磁阀

TCC PWM电磁阀控制

自动变速器电控单元

表示导线型：0.35表示截面积；粉红代表颜色；数字1039表示车辆位置分区代码

0.5棕 78 C2 418

T

0.5棕 418

0.5红 A 839

变矩器离合器脉冲宽度电磁阀

0.35粉红 1039

E C113

E9 C1

1-2SS活门控制

4

0.5浅绿 A 1222

0.5浅绿 1222

0.5红 839

1-2换挡电磁阀（1-2SS）

0.5红 839

S115

表示元件名称和位置

2-3SS活门控制

44

0.35黄/黑 B 1223

0.5黄/黑 1223

0.5红 839

2-3换挡电磁阀（2-3SS）

传感器接地

1 C1

0.35黑 2762

M

0.5黑 452

B

0.5棕 1227

自动变速器机构驱动油液温度（TFT）传感器

表示自动变速内部的自动变速器油温传感器，该元件为NTC型电阻

TFT传感器信号

5V 68 C2 1227

0.35黄/黑 1227

L C113

符号	含义	符号	含义
	输入／输出开关		电磁阀
	二极管		线圈
	晶体		天线
	加热芯	12	部件上连接的连接器
常电		12	带引出线的连接器
钥匙在 RUN 位置时供电			带螺栓或螺钉连接孔的端子
钥匙在 START 位置时供电	电压指示器框。示意图上的这些框格用于指示何时保险上有电压	12 C100	直到线束连接器
附件在 ACC、RUN位置时供电			
钥匙在RUN、START位置或检测时供电		S100	接头
钥匙在RAP（固定式附件电源）位置时供电			
	局部部件。当部件采用虚线框表示时，部件或导线均未完全表示	P100	贯穿式密封图
		G100	底盘接地
	完整部件。当部件采用实线框表示时，所示部件或导线表示完整		壳体接地
			单丝灯泡
	保险丝		屏蔽
	断路器		开关
	可熔断连接		单极单掷继电器
M	电动机		单极双掷继电器

符号	含义	符号	含义
	双丝灯泡		输入 / 输出低压侧驱动开关（－）
	发光二极管		输入 / 输出双向开关（+/－）
	电容器		脉宽调制符号
	蓄电池	B+	蓄电池电压
	可变蓄电池		搭铁
	电阻器		串行数据
	可变电阻器		天线信号 - 输入
	位置传感器		天线信号 - 输出
	输入 / 输出电阻器		制动应用
	输入 / 输出下拉电阻器（－）	L O C	主要部件列表图标示意图上的图标用于链接"主要电气部件列表"
	输入 / 输出上拉电阻器（+）		
	输入 / 输出高压侧驱动开关（+）	D E S C	说明与操作图标示意图上的图标用于链接特定系统的"说明与操作"
IGN	点火电压		
5V	参考电压		计算机编程图标示意图上的图标用于链接"控制模块参考"，确定更换时需要编程的部件
5V AC	空调电压		
	低电平参考电压		

符号	含义	符号	含义
→	下页示意图图标 示意图上的图标用于进入子系统的下一个示意图	⚡	危险－高压图标 该图标用于提醒维修技师该部件／系统包含 300V 电压电路
←	前一页示意图图标 示意图上的图标用于进入子系统的上一个示意图	⚡	高压图标 该图标用于提醒维修技师该部件／系统包含 42V 但低于 300V 的电压
安全气囊	安全气囊系统（SIR）或附加保护系统（SRS）图标该图标用于提醒技术人员，系统内含有安全气囊系统部件，在维修前需要特别注意	⚠	告诫图标 该图标提醒维修技师维修该部件时应小心
ℹ	信息图标 该图标用于提醒技术人员查阅相关的附加信息，以帮助维修某个系统	↕	串行数据通信功能 该图标用于向维修技师表明该串行数据电路详细信息未完全显示。也能提供一个有效链接至该电路的数据通信表完全显示

通用汽车电路中的导线颜色符号说明

通用汽车双色导线颜色见下表。

颜色描述	代号	颜色	颜色描述	代号	颜色
带白色标的红色导线	RD/WH		带白色标的深绿色导线	D-GN/WH	
带黑色标的红色导线	RD/BK		带黑色标的浅绿色导线	L-GN/BK	
带白色标的棕色导线	BN/WH		带黄色标的红色导线	RD/YE	
带白色标的黑色导线	BK/WH		带蓝色标的红色导线	RD/BL	
带黄色标的黑色导线	BK/YE		带蓝色和黄色标的红色导线	RD/BL/YE	
带黑色标的深绿色导线	D-GN/BK				

常见汽车导线颜色代码如下。

颜色		通用	荣誉	陆尊	新赛欧	君越	景程
黑	Black	BLK	BK	BLK	SW	BK	BK
棕	Brown	BRN	BN		BR		
棕黄			TN			TN	TN
蓝	Bluo	BLU	BU	BLU	BL	BU	BU
深蓝	Dark Bluo	DK BLU	D-BU	BLNOK		D-BU	D-BU
浅蓝	Light Blue	LT BLU	L-BU	BLNLT		L-BU	L-BU
绿	Green	GRN	GN	GRN	GN	GN	GN
灰	Grey	GRY	GY	GRA	GR	GY	GY
白	White	WHT	WH	WHT	WS	WS	WS
橙	Orange	ORG	OG			OG	OG
红	Red	RED	RD	RED	RT	RD	RD
紫	Vioiet	VIO	PU	PPL		PU	PU
粉紫							
黄	Yellow	YEL	YE	YEL	GE		
褐	Brown	TAN		TAN		BN	BN
深绿	Dark Green	DK GRN	D-GN	GRNDK		D-GN	D-GN
橘黄							
粉红	Pink	PNK					PN
透明	Cloar	CLR					
浅绿	Light Green	LTGRN	L-GN	GRNLT		L-GN	L-GN
紫红	Puiple	PPL					

日产汽车电路特点

连接器符号

日产车系电路图中大多数接头符号都表示为端口侧视图。

端口侧视图的插头符号用单线框和方向标记共同表示。线束侧视图的插头符号用双线框和方向标记共同表示。

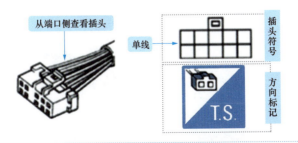

从端口侧查看插头　单线　插头符号　方向标记

T.S.

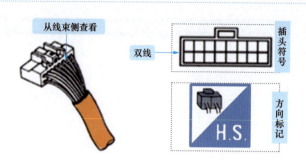

从线束侧查看

双线

插头符号

方向标记

H.S.

　　某些系统和元件，特别是那些与OBD有关的元件可能会使用一种新型的滑片锁止式线束接头。滑片锁止式接头有助于避免锁止不完全，意外松动或断开等情况。滑片锁止式接头通过压下或拉出滑动锁片来断开连接。

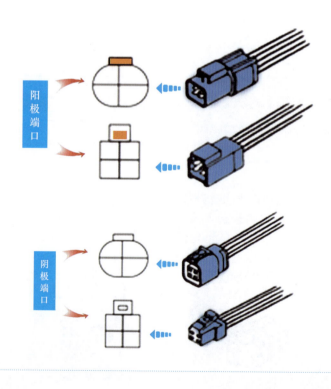

阳极端口

阴极端口

以下为线路图接线端子的编码与具体插接器的关系，根据插接器布置图可弄清线路走向，从而方便电路图识读。

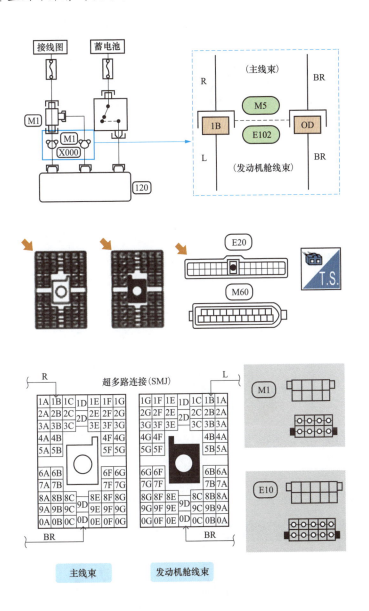

线束和接头编号表示法

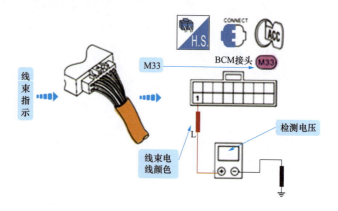

M33 ▪▪▪▶ 表示线束插头。

L ▪▪▪▶ 测试表探针旁边的字母表示线束（接头）中的电线颜色。

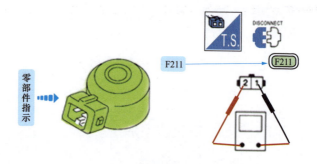

F211 ▪▪▪▶ 双线圆圈中的接头编号 F211 表示零部件接头。

开关状态的表示方法

在电路图中，有时会出现两种线路，用粗细不同的两种线条来表示。

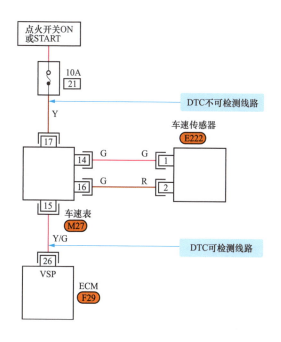

DTC 可检测线路 ➧ 标准宽度的线条（宽线）表示"DTC（故障码）可检测线路"，是 ECM 可以通过车载诊断检测其故障的电路。

DTC 不可检测线路 ➧ 较窄的线条（细线）表示"DTC（故障码）不可检测线路"，是 ECM 不能通过车载诊断系统检测其故障的电路。

多路开关的导通性可以用开关表和开关图两种方式表示如下。

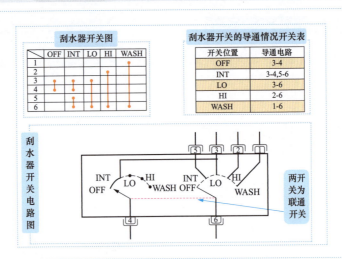

日产汽车电路图识读

编号	项　目	说　明
1	电源情况	说明系统接收蓄电池电压时的情况（可工作）
2	熔断线	空心圈表示电流流入，黑实圈表示电流流出
3	熔断线／保险丝位置	熔断线或保险丝或保险丝盒中的位置
4	左舵车型	—
5	右舵车型	—
6	接地	在电线颜色正面的连接和接地线表示
7	接地	—
8	接头视图	表示本页电路图中零部件接头的端口图
9	导线颜色	表示导线的颜色代码： B= 黑色　Y= 黄色　　　　PU 或 PY（紫）= 紫色 W= 白色　LG= 浅绿色　　GY 或 GR= 灰色 R= 红色　BR= 棕色　　　　SB= 天蓝色 G= 绿色　OR 或 O = 橙色　CH= 深棕色 L= 蓝色　P= 粉色　　　　DG= 深绿色 当导线有条纹时，则前面给出的是基色，后面给出的是条纹的颜色，如：L/W= 蓝底白色条纹

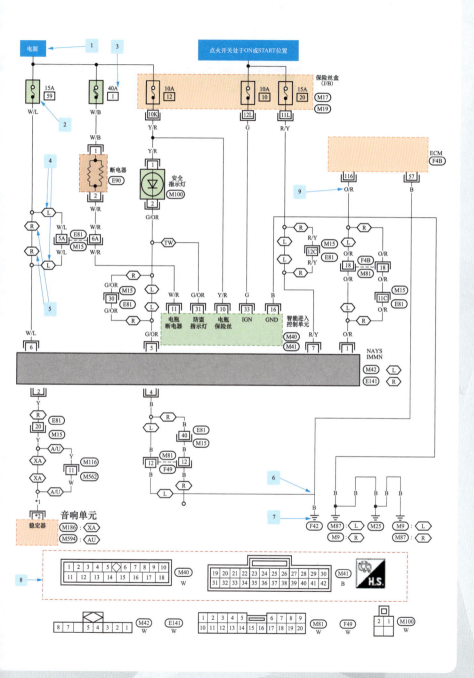

近几年来国产汽车越来越多地被市场所接受，识读国产汽车的电路也变得非常有必要，国产汽车常见的汽车电路符号如下。

符号	名称	符号	名称	符号	名称
–	直流	●	接点		组合灯
–	交流	○	端子		
≃	交直流	∅	可拆卸的端子		动合（常开）触点
+	正极	○—○	导线的连接		
–	负极	T	导线的分支连接		动断（常闭）触点
N	中性点	+	导线的交叉连接		
F	磁场	+	导线的跨越		先断后合的触点
E⊥	搭铁	—(	插座的一个极		中间断开的双向触点
B	发电机输出接线柱	■—	插头的一个极		
D+	磁场二极管输出墙	—(	插头和插座		联动开关
数字式电钟图标	数字式电钟	AP	空气压力传感器	n	转速度
温度表传感器图标	温度表传感器	BP	制动压力传感器	··	温度表
空气温度传感器图标	空气温度传感器	B	蓄电池传感器	Q	燃油表
水温传感器图标	水温传感器	BR	制动灯传感器	v	速度表
Q	燃油表传感器	T	灯传感器	电钟图标	电钟
OP	油压表传感器	F	制动器摩擦片传感器	—⊙—	预热指示器
m	空气质量传感器	W	燃油滤清器积水传感器		电喇叭
AP	空气流量传感器	⊗	照明灯、信号灯、仪表灯、指示灯		扬声器
λ	氧传感器				蜂鸣器
K	爆燃传感器	⊗××	双丝灯		报警器、电警笛
n	转速传感器				电磁离合器
v	速度传感器	—⊗—	荧光灯		

汽车中常用的报警灯和指示灯标志的含义如下。

符号	说明	符号	说明
点火开关（4挡）：锁止方向盘 0—OFF 或（S）附件（收音机）1—ACC 或（A）点火、仪表 2—IGN 或(M) 起动 3—START 或（D）		机油油面指示灯：当发动机机油量少于规定值时，灯亮报警	
		机油温度过高报警灯：机油温度超过规定值时，报警灯亮	
柴油车电源开关：0—OFF 断电 1—ON 接通 2—START 起动 3—ACC 附件 4—PREHEAT 预热		点火开关（3挡）：锁止 0—OFF 或 STOP 工作 1—ON 或 MAR 点火、仪表 2—IGN 或(M) 起动 2—ST 或 AVV	
机油压力报警灯、机油压力：当机油压力过低时灯亮 OIL-P		点火开关（5挡）：0—LOCK1 锁止方向盘 1—OFF 断开 2—ACC 附件 3—ON 通 4—START 起动	
发动机故障代码显示灯（自诊断）：电控发动机喷油与点火的传感器与电脑出故障时灯亮，通过人工或仪器可将故障码调出，迅速查明故障 CHECK		燃油表：燃油不足报警灯亮 FUEL	
		柴油机停止供油（熄灭）拉杆（钮）标志	
化油器阻风门关闭指示：冷车起动时阻风门关闭，指示灯亮，起动后应及时打开阻风门，否则发动机冒黑烟		停车制动指示灯在手制动起作用时灯亮 (P) PKB	
节气门关闭时灯亮		制动气压低报警：制动液面低、制动系统故障报警灯亮 (!) BRAKE AIR	
蓄电池充电指示灯；发电机不充电时灯亮，正常充电时灯灭 VOLT AMP CHARGE 电压(伏特)表 电流(安培)表		发动机转速表(TACHOMETER) 发动机转速表能指示快怠速、经济转速与换档时机、额定转速、用途很多 t/min RPM	
水温度：冷却液温度过高时报警灯亮 WATER OVER HEAT			
数字显示时钟 20:08		车速表（SPEED） km/h	
冷却水位指示灯：当冷却系统水位低于规定值时，灯亮报警 COOLANT LEVEL WATER LEVEL		牵引力控制指示灯 TRAC	

符号	说明	符号	说明
AIR SUSP	电子调整空气悬挂指示灯：根据驾驶条件自动控制悬架中起弹簧作用的空气，改变弹簧刚度与减振力以抑制车辆侧倾，制动时前部裁头，高速时后身下坐，保持乘坐舒适性和操纵性，指示灯显示车身高度变化。HIGH—高度调整；NORM—正常		后窗玻璃洗涤开关指示
			前照灯刮水洗涤开关指示
O/D OFF	OVER—DRIVE，超速开关装在换挡手柄上，按下此开关，高速换入超速挡；再按一下此开关变速器退出超速挡，同时 O/D OFF 灯亮		车门玻璃升降开关指示：UP—升起；DOWN—降下
		A/C	空调系统制冷压缩机开启指示
		FAN	空调系统鼓风机指示
VOLT	电压表（伏特计）：12V 电系量程为 10～16V；24V 电系量程为 20～32V		坐垫加热指示灯
EXP TEMP	排气温度过高报警（大于 750℃）		室内灯门控挡，当门关严后室内灯灭，此外还有手控长明挡（ON）及新开挡（OFF）
kPa	空气滤清器堵塞指示灯	P R N D 2 L	自动变速器挡位指示灯：P—停车制动；R—倒挡；N—空挡；D—前进挡；自动在 1→2→3→4 挡间变速；2—锁定挡，自动在 1→2 挡间变速，上下陡坡用；L—低挡，只允许 1 挡行驶，上、下陡坡用
	液力变扭器开关指示		
	柴油粗滤器中积水超限报警灯		
HORN	喇叭按钮标志		
	点烟器标志：按下点烟器手柄即接通电路，发热体烧红后（约几秒钟）自弹出，可供点烟用	ECTPWR	电控自动变速器有两种已编好程的换挡方式：即正常模式（Normal）和动力模式（Power），用开关选择动力模式时，指示灯亮
	风挡玻璃刮水洗涤开关指示：OFF—断开；INT—间歇；LO—低速；HI—高速		
	后窗玻璃刮水指示灯和开关标志		增热器开关指示除霜线指示灯和开关指示：常为后窗炭粉加热

符号	说明	符号	说明
	风挡玻璃刮水开关指示		后视镜镜面上下调节与左右调节开关标志
WASHER	风挡玻璃洗涤开关指示	VENT	空调系统通风吹脸(FACE)挡
DEF	风挡玻璃除霜除雾指示	HEAT	空调系统加热（吹脚）挡
Outside	车外新鲜空气循环风道开启指示（FRESH）	BI-LEVEL	空调系统双层（上冷下热）挡
Inside	车内空气循环风道开启指示（REC）		后视镜加热指示
	驾驶室锁止：可倾翻的驾驶室回位时没有到达规定锁止状态，报警灯亮	AIR MPa	空气压力表：常用于气压制动系统中双管路气压指示
EXH TEMP	排气温度超过一定限度时此灯亮		
	空气滤清器堵塞信号报警灯	DEF-HEAT	空气系统除霜与吹脚(加热）挡

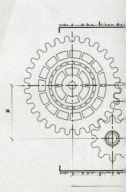

3

电源分配系统检测

3.1 电源系统概述

3.1.1 汽车电源管理系统

随着电控技术在汽车上被越来越广泛地应用，汽车上的用电设备越来越多，电源的分配关系也日益复杂。为了简化汽车电路，便于制造绘图和维修，在汽车上把电源分配系统给单独地分离出来，称这部分为电源分配系统。

电源管理系统的组成

电源管理系统是由汽车的车载网络1个蓄电池、1个发电机以及数量众多的电气/电子设备组成。

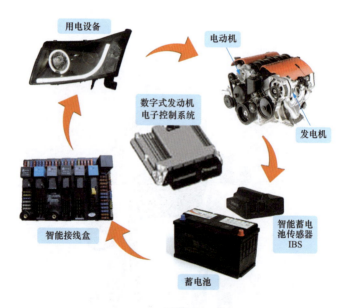

用电设备　电动机　数字式发动机电子控制系统　发电机　智能接线盒　智能蓄电池传感器 IBS　蓄电池

由蓄电池提供电能，通过起动机起动车辆发动机。发动机起动后，发电机能提供电流，在理想状态下，该电流能够满足所有用电器的需求，且有多余的电能为蓄电池充电。当所有用电器的耗电量大于发电机可以提供的电量时，车载网络电压就会下降至蓄电池的电压水平，蓄电池开始放电。

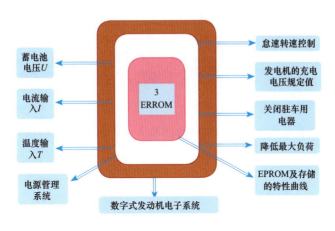

供电系统的组成

车辆的供电系统主要由蓄电池、发电机、起动机等构成，其各元件在车上的分布如下。

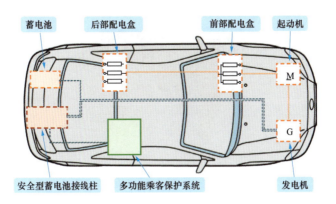

有些汽车上存在多根蓄电池导线，一根蓄电池导线直接通过跨接起动接线柱通向起动机和发电机。另一根蓄电池导线连接至行李箱内的后部配电盒，然后连接至手套箱内的配电盒。

3.1.2 蓄电池的基本结构

当接通起动开关起动发动机时，蓄电池在 3 ～ 5s 内必须向起动机连续供给强大电流（汽油发动机汽车一般为 200 ～ 600A；柴油发动机汽车一般为 800A 以上），由此可见，蓄电池的主要功用是起动发动机。当发动机正常工作时，用电系统所需电能主要由发电机供给。

蓄电池是一种可逆的低压直流电源，既能将化学能转换为电能，也能将电能转换为化学能。

蓄电池的结构

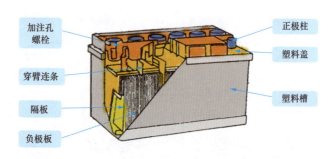

极板是蓄电池的核心部分，由栅架和活性物质组成。根据活性物质的不同，极板分为正极板和负极板。

| 正极板 | ➠ | 正极板的活性物质是二氧化铅，呈深棕色。 |
| 负极板 | ➠ | 负极板的活性物质是海绵状铅，呈青灰色。 |

蓄电池的工作原理

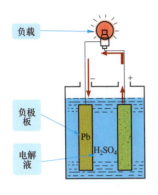

负载

负极板

Pb

H_2SO_4

电解液

放电过程

放电时，正极板上的 PbO_2 和负极板上的 Pb 都转变为 $PbSO_4$，电解液中的 H_2SO_4 减少，相对密度下降。

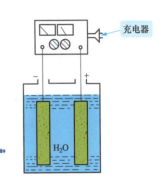

充电器

H_2O

充电过程

充电时，则按相反的方向变化，正极板上的 $PbSO_4$ 恢复成 PbO_2，负极板上的 $PbSO_4$ 恢复成 Pb，电解液中的 H_2SO_4 增加，相对密度增大。

由上述蓄电池充放电时的化学反应过程可以看出：

（1）蓄电池放电时，电解液中的硫酸减少，水增多，电解液密度下降。充电时恰好相反。故可以通过测量电解液密度来判断蓄电池的充放电程度。

（2）充放电时，电解液密度发生变化主要是由于正极板处活性物质化学反应的结果，要求正极板处电解液的流动性要好，应注意隔板的结构和安装。

（3）蓄电池放电终了时，实际上只有少部分活性物质转变成硫酸铅。因此要提高供电能力，应设法提高极板的孔隙，减少极板的厚度，以提高活性物质的利用率。

根据最新的标准规定，国产蓄电池型号的含义如下：

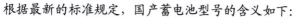

| 6 | —— | QW | —— | 100S |

串联单格电池数，指一个整体壳体内所包含的单格电池数，用阿拉伯数字表示。

蓄电池类型，根据蓄电池的主要用途划分，用汉语拼音字母表示，起动型蓄电池用字母Q表示。

额定容量，用阿拉伯数字表示，其单位为A·h

6－QW－100S型蓄电池，表示由6个单格电池组成，额定电压为12V，额定容量为100A·h的起动型免维护蓄电池。

国产蓄电池型号、规格及参数值如下。

序号	类别	铅蓄电池型号	铅蓄电池规格	单格电池数	额定电压(V)	额定容量(A·h)	尺寸（mm）			质量	
							长	宽	高	有电解液	无电解液
1	第一类	3－Q－75	6V 75A·h	3	6	75	197	78	50	17	14
2		3－Q－90	6V 90A·h			90	224	78	50	20	15
3		3－Q－105	6V 105A·h			105	251	178	250	23	18
4		3－Q－120	6V 120A·h			120	78	178	250	25	20
5		3－Q－135	6V 135A·h			135	305	178	250	7	22
6		3－Q－150	6V 150A·h			150	332	178	250	29	24
7		3－Q－195	6V 195A·h			195	43	178	250	41	34
8	第二类	6－Q－60	12V 60A·h	6	12	60	319	178	250	25	21
9		6－Q－75	12V 75A·h			75	403	178	250	33	27
10		6－Q－90	12V 90A·h			90	427	178	250	39	31
11		6－Q－105	12V 105A·h			105	485	178	250	47	37
12	第三类	6－Q－120	12V 120A·h	6	12	120	517	198	250	52	41
13		6－Q－135	12V 135A·h			135	517	216	250	58	46
14		6－Q－150	12V 150A·h			150	517	234	250	63	50
15		6－Q－165	12V 165A·h			165	517	252	250	67	54
16		6－Q－195	12V 195A·h			195	517	288	250	75	61
17	第四类	6－Q－40G	12V 40A·h	6	12	40	212	172	250	75	61
18		6－Q－60G	12V 60A·h			60	219	172	250	75	61
19		6－Q－80G	12V 80A·h			80	346	172	250	75	61

蓄电池的特征为附加说明，在同类用途的产品中具有某种特征需要在型号中加以区别时采用，特征也以汉语拼音字母表示。如果产品同时具有两种特征，其符号如下。

特征代号	特征	特征代号	特征	特征代号	特征
A	干荷电	J	胶体电解液	D	带电式
H	湿荷电	M	密闭式	Y	液密式
W	免维护	B	半密闭式	Q	气密式
S	少维护	F	防酸式	I	激活式

3.1.3 免维护蓄电池自放电的简单检测

由于普通铅蓄电池存在着自行放电量大、失水量多、易硫化、使用寿命较短（一般只能使用 1~2 年）等缺点。所以，现代汽车上开始使用新型蓄电池，即免维护蓄电池或少维护蓄电池。

检查蓄电池桩头

观察指示器颜色

说明存电充足，电解池状态如下：

说明存电不足，电解池状态如下：

说明电池液面偏低，电解池状态如下：

| 检查蓄电池桩头 | ➡️ | 检查蓄电池桩头是否连接可靠，是否出现桩头氧化物，如有异常应及时紧固或将氧化物清除。 |

3.1.4 使用电压法对蓄电池自放电的检测

1 在发动机正常温度下，将电压表两表笔分别接在蓄电池的正负极上。

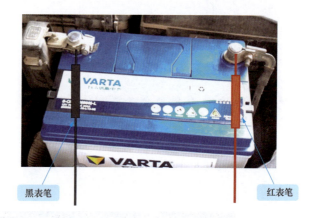

黑表笔　　　　　　　　　　　　红表笔

2 起动发动机观察电压表的读数，在起动机和线路连接良好的情况下，对于12V蓄电池，如电压为9.6V或高于9.6V，表明蓄电池正常。

电瓶电压值	判断标准	影响及应对办法
< 10.8V（发动前）	过低	无法起动汽车，可能需要更换电瓶
10.8 ~ 11.8V（发动前）	偏低	起动较难，请关闭其他用电器，并发动汽车充电
11.8 ~ 12.8V（发动前）	正常	—
12.8 ~ 13.2V（发动后）	过低	可能无法给电瓶充电，检查发动机或其他用电负荷
13.2 ~ 14.8V（发动后）	正常	—
> 14.8V（发动后）	过高	可能损害电瓶，检查发动机稳定器

3.1.5 蓄电池的拆装过程

蓄电池的拆装所用的工具比较少，一般只需要8～12号扳手、一字螺丝刀这两样工具。

1 打开蓄电池的地方，这时候我们会看到电瓶上面有一条固定杠扣在上面，使用8号扳手扭开。

2 取下固定杠，然后根据蓄电池的正负极，一步步拆下。

3 此处要注意，一定要先拆正极，否则容易引起放电，所以要切记在拆正极的过程中扳手不要接触到其他金属。

4 将负极拆下就可以了，然后就可以将蓄电池拆下来了。

>> 小提示

安装蓄电池时，就是拆解蓄电池的逆操作，需要注意的是，需要先装蓄电池负极，再装正极。

3.2 发电机的基本维护

3.2.1 发电机的作用及分类

发电机是汽车上的主要电源，它在汽车正常运行时除了向起动机外的全部用电设备供电外，还给蓄电池充电。

普通硅整流发电机

普通硅整流发电机由三相交流发电机和 6 只硅整流二极管组成，如某些载货汽车用的发电机和北京切诺基的发电机。其电刷有外装式和内装式之分，前者电刷架可直接在发电机的外部拆装，后者更换电刷时，则必须将发电机解体。

六管发电机整流器

六管发电机整流器由 6 只硅整流二极管组成，其工作电路如下。

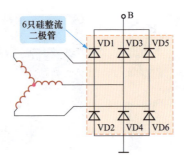

八管发电机整流器

八管发电机整流器有 2 只与中性点连接的二极管，其整流器共有 8 只二极管。8 管整流电路中采用了 8 只硅整流二极管，其中 6 只组成三相全波桥式整流电路，还有 2 只是中性点二极管，其中 1 只正极管接在中性点和正极之间，1 只负极管接在中性点和负极之间，对中性点电压进行全波整流，其工作电路如下。

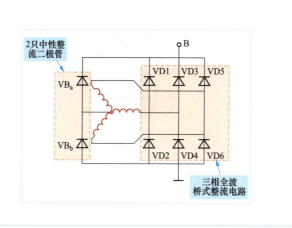

无刷硅整流发电机

无刷硅整流发电机，是指无电刷和集电环的发电机。这种交流发电机，可以减少在运行中由于电刷与集电环引起的各种故障。

3.2.2 发电机的工作原理

发电机的结构

发电机的主要元件如下：

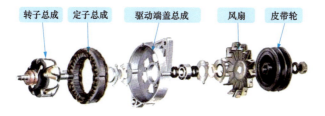

转子总成　定子总成　驱动端盖总成　风扇　皮带轮

转子总成 ➠➠ 转子是发电机的磁场部分，主要由转子轴、两块爪极、磁场绕组和集电环等组成。

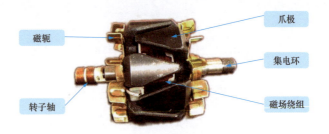

磁轭

爪极

集电环

转子轴

磁场绕组

在转子轴的中段轧有纵向滚花，其上压有两块爪极，两块爪极的内腔装有铁心，称为磁轭，其上绕有磁场绕组，磁场绕组的两引出线分别焊在与轴绝缘的两个铜制集电环上。

定子 ▸▸▸▸ 定子又叫电枢，由铁芯和三相绕组组成。

硅钢片

绕组

对于六对磁极的转子，每相绕组中都有六个相互串联着的线圈，称为三相绕组，其功用是产生感应电动势。

定子绕组的三相绕组采用星形接法或三角形（大功率）接法，都能产生三相交流电。三相绕组必须按一定要求绕制，才能使之获得频率相同、幅值相等、相位互差120°的三相电动势。

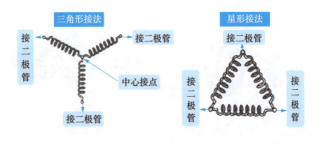

三角形接法

接二极管

接二极管

接二极管

中心接点

接二极管

星形接法

接二极管

接二极管

接二极管

端盖 ◀▪▪▶	发电机有前后两组端盖，多数为铝合金压铸件，可减少漏磁，并具有轻便、散热性能良好的优点。为了提高轴承孔的机械强度，增加其耐磨性，在端盖的轴承座孔内镶有钢套。
皮带轮和风扇 ◀▪▪▶	皮带轮与风扇借助半圆键和螺母固定在转子轴的前端。当带轮由发动机曲轴驱动时，风扇能使空气从后向前高速流过发电机内部进行冷却。

发电机调节器的结构

发电机调节器的作用是在发动机转速变化时，通过调节发电机励磁绕组的励磁电流，使发电机的电压保持稳定，防止发电电压过高而烧坏用电设备和导致蓄电池过量充电，同时也防止发电机电压过低而导致用电设备工作失常和蓄电池充电不足。

发电机调节器按元件性质可分为触点式和电子式两种，现在常用的主要是电子式。电子式电压调节器又分为晶体管调节器和集成电路调节器。

内部搭铁式晶体管调节器

晶体管调节器是将三极管作为一只开关串联在发电机的磁场电路中，根据发电机输出电压的高低，控制三极管的导通和截止，以调节发电机的励磁电流，使发电机输出电压稳定在规定的范围之内。

如下为内部搭铁式晶体管调节器，调节器内的功率三极管串联在发电机励磁绕组与点火开关之间，发电机励磁绕组有一端搭铁。

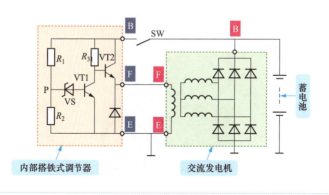

107

外部搭铁式晶体管调节器内的功率三极管串联在发电机励磁绕组与搭铁之间，发电机励磁绕组无搭铁端，调节器控制励磁绕组搭铁。电路如下。

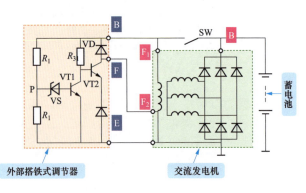

外部搭铁式调节器　　　　　交流发电机

3.2.3 发电机的接线柱识别

车型不同，交流发电机的机型也有区别，但一般机型均设有电枢、磁场、搭铁、中性点等接线柱。维修交流发电机时，若对各接线柱识别不清，不仅影响维修工作的进行，甚至还会损坏交流发电机。下面介绍交流发电机接线柱的几种识别方法。

直观辨认法

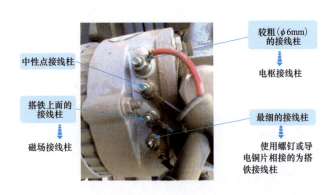

中性点接线柱

搭铁上面的接线柱
↓
磁场接线柱

较粗(φ6mm)的接线柱
↓
电枢接线柱

最细的接线柱
↓
使用螺钉或导电铜片相接的为搭铁接线柱

直观辨认法

交流发电机的各接线柱设有不同的符号：

"A" 或 "B" ◖◖◗ 电枢接线柱　　　　　　⏚ ◖◖◗ 搭铁

"F" ◖◖◗ 磁场接线柱　　　　"N" ◖◖◗ 中性点接线柱

万用表测量法

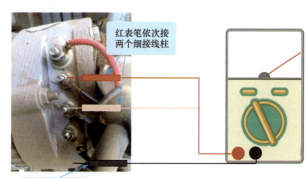

红表笔依次接两个细接线柱

黑表笔接外壳

　　显示电阻值为 0 的为搭铁接线柱，有电阻显示的则为磁场接线柱。电枢接线柱对搭铁电阻值大，中性点接线柱对搭铁电阻值小。

3.2.4 发电机的整机检测

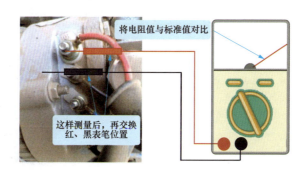

将电阻值与标准值对比

这样测量后，再交换红、黑表笔位置

测量发电机正电刷接线柱和负电刷之间的阻值（如下图所示），并与标准值比较，若不符合标准说明电刷和励磁绕组有故障。

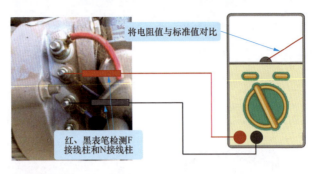

将电阻值与标准值对比

红、黑表笔检测F
接线柱和N接线柱

3.2.5 发电机的拆装过程

将发电机从汽车上拆下

1 发电机位于发动机舱的内部，拆卸时先断开发电机与蓄电池的连接线。

断开发电机与
蓄电池的连接线

断开此处连接，是为了避免无意碰到金属部分引起短路。除了上述的连接外，其他车型还有如图示样式的连接线，将其断开即可。

② 将发电机皮带拆下。

皮带

充电线上的螺母

拆下皮带后的发电机

③ 把发电机上的线路拆掉，用一个 13mm 的套筒拆充电线上的螺母，拆下后如下所示。

拧下固定螺钉

④ 此时的发电机就可以拆下来了，但由于卡得非常紧，还是需要用一个长颈螺丝刀撬动，才可将其从汽车上拆下来。

1 拆皮带轮需要用到一个 24mm 的穿孔扳手，再加上一个 M10 的 12 角旋具套筒。

24mm穿孔扳手

M10的12角旋具套筒

2 拆下发电机后盖处的固定螺钉，将其拆下就可以看到调节器了。

3.2.6 晶体管调节器的检测

JFT 系列晶体管调节器引脚阻值

调节器型号	"S" 与 "F" 间电阻值		"S" 与 "E" 间电阻值		"F" 与 "E" 间电阻值	
	正向	反向	正向	反向	正向	反向
JFT141: JFT142B	500 ~ 750	5 ~ 7.5	1.2 ~ 1.6	3.5 ~ 4	550 ~ 600	3.9 ~ 4.0
JFT241: JFT242B	650 ~ 700	5 ~ 5.5	1.6 ~ 1.8	3 ~ 3.3	550 ~ 600	4.3 ~ 5.0
JFT106: JFT107	1500 ~ 2000	3 ~ 4	1.4 ~ 1.6	1.4 ~ 1.6	1400 ~ 1600	3.0 ~ 4.0
JFT206: JFT207	1300 ~ 1500	2 ~ 3	1.5 ~ 2.0	1.5 ~ 2.0	1300 ~ 1500	4.0 ~ 6.0
JFT126	4600 ~ 5000	7.5 ~ 8	3.0	3.0	550	6.5 ~ 7.0

晶体管调节器的静态检测是指直接对晶体管调节器的检测，只需要使用万用表的电阻挡，检测调节器的各引脚间的电阻值，再将该值与该型号的晶体管调节器的标准核对，即可知道该元件的状态。

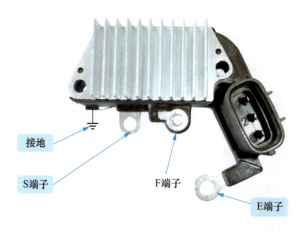

接地

S端子

F端子

E端子

3.2.7 电子电压调节器的检测

将电子电压调节器从发电机上拆下来之后，按照如下方式连接。

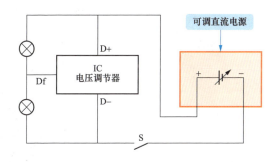

接通开关S，将电源的端电压调至4～5V时，试灯应该发亮，其亮度随电源电压的逐渐升高而增加，当电源电压升至接近于调节电阻值时，试灯应由亮变灭。此时将电源电压再升高，试灯将仍然保持熄灭，这表明该IC调节器技术状态良好。否则为出现故障则应更换。

3.3 发电机的故障检修

3.3.1 万用表检测发电机

1 首先拆下发电机各接线柱上的导线，用一根导线将发电机电枢"+"和磁场"F"两接线连接起来。

断开连接导线

2 将万用表拨至直流电压挡（50V DC），红表笔接至发电机电枢"+"接线柱，黑表笔搭铁。

红表笔接电枢接线柱

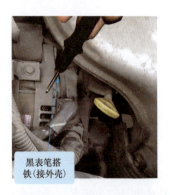

黑表笔搭铁（接外壳）

3 起动发电机，并把从发电机电枢"+"接线柱上拆下的那根电源线碰一下磁场接线柱，即对发电机进行励磁，约几秒钟再将其移开，开始缓慢地提高发动机转速。

4 观察万用表所指示的电压值。如果电压随发电机的转速升高而逐渐增大，则发电机工作正常。如果无显示电压值，则发电机不发电，应对发电机进行分解检查。

3.3.2 检查发电机转子

1 检查集电环表面的情况。如果集电环表面粗糙，应使用精细砂纸磨平。

集电环

2 使用万用表测量集电环之间的电阻，集电环之间电阻应为 1.9 ~ 2.2Ω（20℃）。如果不在规定范围内，应更换转子。

正常电阻1.9~2.2Ω

红黑表笔检测集电环

3 使用万用表测量集电环与，应该不导通。如果导通，应更换转子。

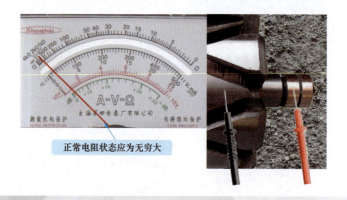

正常电阻状态应为无穷大

3.3.3 检查发电机轴承

发电机轴承

　　发电机轴承必须要保证足够顺滑，但在对轴承进行检查时，应该将轴承进行转动，检查是否有异常噪声、松动和卡壳的现象，如果出现异常必须更换轴承。

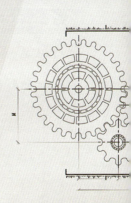

4

起动系统检测

4.1.1 起动机的作用

在汽车上，起动机是一个短时间工作的用电设备，工作时，起动机产生电磁力矩通过驱动齿轮和发电机的飞轮，驱动曲轴旋转，使发电机起动；发电机起动后，起动机断电，驱动齿轮退回，并停止工作。

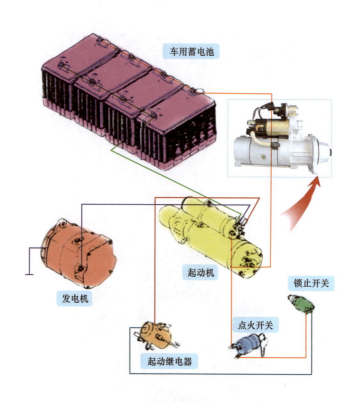

起动机是起动系统的核心部分，它的作用是将蓄电池的电能变成机械能，然后传给发动机飞轮，使发动机开始运转。

起动机的结构

起动机主要由直流电动机、传动机构和控制装置等三部分组成，如左图所示，将其拆解开，其详细的结构如下：

电磁开关
直流电动机
传动机构

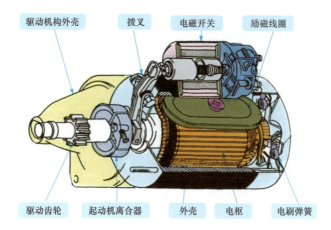

驱动机构外壳　　拨叉　　电磁开关　　励磁线圈

驱动齿轮　　起动机离合器　　外壳　　电枢　　电刷弹簧

汽车中常用的起动机是电磁齿合式起动机，起动机型号由以下五个部分组成：

代号	电压等级	功率等级	设计序号	变形代号
QD代表起动机；QDJ代表减速起动机；QDY代表永磁起动机。	1代表12V；2代表24V。	1代表0~1kW；2代表在1~2kW。……9代表8~9kW。	1代表0~1kW；2代表在1~2kW。……9代表8~9kW。	变形代号多用字母A、B等表示例如，QD1225-12V，1~2kW，第25次设计。

起动机的起动过程其实是一个非常短暂的过程，为了能够简单地了解起动机的运转变化，我们将其分为三个阶段，分别是未起动时、刚起动时、起动时。

未起动时

此时为初始状态，起动开关关闭，电磁开关的吸拉线圈和保位线圈均未通电，电磁开关内铁心在弹簧力下回位，电磁开关内主触点断开，起动机驱动齿轮与飞轮齿圈没有啮合。

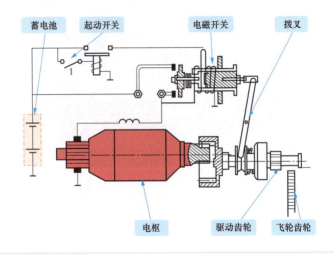

初起动时

初起动时，接通起动开关，起动机电路通电，电磁开关的吸拉线圈和保位线圈通电，产生很强的磁力，吸引铁心右移，并带动拨叉绕其销轴转动，使驱动齿轮移出与飞轮齿圈啮合。

与此同时，由于吸拉线圈的电流通过电动机的绕组，电枢开始转动，齿轮在旋转中移出，齿轮与飞轮迅速啮合。简单概述如下：

闭合起动钥匙开关 ➡ 起动机中的电磁开关工作 ➡ 拨叉将齿轮向外移动

齿轮与飞轮迅速啮合后，当铁心移动到使电磁开关内主触点闭合的位置时，吸拉线圈被短路，失去作用，保持线圈所产生的磁力足以维持铁心处于开关吸合的位置。

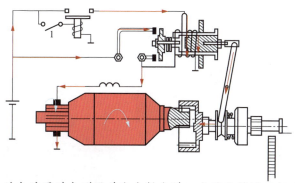

较大的电流通过电磁开关内主触点进入定子和转子，起动机高速旋转，发动机被起动。简单概述如下：

起动机电磁开关片闭合 ➡ 起动机开始旋转，电磁线圈中的吸合线圈断电 ➡ 发动机起动

结束过程

断开起动钥匙开关，起动机中的吸合线圈和保持线圈流过相反方向的电流，铁心上的电磁场消失，弹簧将铁芯推回原位，起动机停止工作。

4.1.3 起动机的拆装过程

拆卸汽车起动机

起动机的位置，由于不同品牌和设计的差异会在不同位置，不过一般都会在发动机附近，可以仔细找找。

1 断开蓄电池接线柱，确保整车断电。

2 拔掉起动机上面的励磁线圈插头。

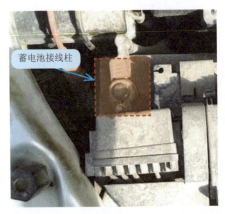

蓄电池接线柱

励磁线圈插头

3 拆掉固定起动机的螺钉，部分车型需要使用小型千斤顶或升降机，把发动机顶到一定位置，以便更好地拆卸（使用小型千斤顶要拉起手刹，防止汽车后退），这样就可以取出起动机了。

分解起动机

1 从起动机电磁开关上拆下固定磁场绕组导线的螺母（电刷架连接电磁开关的螺母），卸下两个或三个安装螺钉，从起动机主体上卸下电磁开关。

2 依顺序将起动机拆开，将会看到如下部件。

电枢轴
离合器
电磁开关
端盖
定子
电枢

4.1.4 起动机的清洗和维护

起动机的维护内容

检查起动机各导线连接是否牢固。

电刷与换向器的接触要紧密。

换向器应无烧蚀、无沟槽。

检查铜套与轴的磨损情况。

检查驱动齿轮与止推垫圈之间的间隙是否合适。

起动机的清洗

清洗电枢线圈、磁场线圈、电刷、单向离合器总成及电磁开关上的油污时可用汽油擦拭。

清洗其他金属机件时可用煤油或汽油清洗后擦拭干净。

4.2 不拆机下起动机的检测

4.2.1 检测起动电压

起动电压的检测的步骤如下。

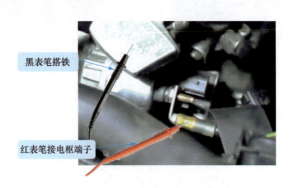

黑表笔搭铁

红表笔接电枢端子

将万用表调至电压挡，其负极引线连接至搭铁端。起动发动机，并观察万用表，记录显示的电压。如果电压低于13.4V且起动性能差，则拆卸并修理起动机。

4.2.2 检测起动机开关电路

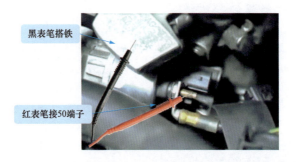

黑表笔搭铁

红表笔接50端子

起动发动机，并记录起动期间显示的电压，如果电压高于规定值，测试电磁开关电路（开关电路最大电压差2.5V）。

124

4.3 拆解起动机的故障检修

4.3.1 起动机电枢的检查

1 检测电枢换向器表面，如果有污脏或烧蚀，则用金刚砂布 500 目或 600 目的砂纸打磨。

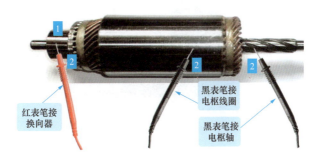

红表笔接换向器

黑表笔接电枢线圈

黑表笔接电枢轴

2 使用万用表电阻挡检测换向器和电枢线圈间的电阻，然后再检查换向器与电枢轴间的电阻，标准值应为 0，否则应更换电枢。

4.3.2 单向离合器的检查

单向离合器用于切断与发动机旋转运动间的联系，保护电动机由于发动机高速运动而造成的毁坏。

检查其单向性的方法是，向一方向可以转运；另一方向用 25N 力检查其是否可以转动，如果无法转动，则单向离合器良好。如果两个方法都可锁止或转动，或者有明显异常的阻力，须更换。

4.3.3 检查起动机电磁开关

发电机是汽车上的主要电源，它在汽车正常运行时除了向起动机外的全部用电设备供电外，还向蓄电池充电。

■ 触点、接触盘的检查

检测接触点　　检查弹簧

目测触点，接触盘，平面应清洁，无烧损。轻微烧损可用细砂纸打磨，严重时可换面使用。

■ 吸引线圈的检查

红表笔接起动机接线柱　　黑表笔接搭铁

1 万用表电阻挡检测起动机的对地电阻，其电阻值应符合规定。

2 万用表红表笔接起动开磁对地电阻，其电阻值应符合规定。

以上两个电阻若为无穷大，说明线圈断路；若电阻小于规定值，表明线圈有匝间短路故障。

车身电器检测

照明灯有以下几种类型：

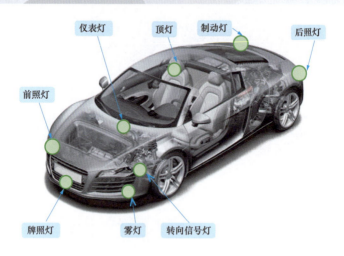

仪表灯　　顶灯　　制动灯　　后照灯

前照灯

牌照灯　　雾灯　　转向信号灯

牌照灯	▬▬▶	牌照灯安装在汽车后部，其用途是夜间照亮车辆牌照。夜间在 20m 处应能看清牌照标志。
前后照灯	▬▬▶	前后照灯又称前大灯，其用途是在夜间行车时，照亮车前的道路和障碍物，确保行车安全；同时也可发出远光和近光交替变换的灯光信号，以便夜间超车和会车时避免使对方驾驶员炫目。
顶灯	▬▬▶	顶灯安装在驾驶室顶部，其用途是照亮驾驶室，方便驾驶员和乘客观察行动，也便于卸货。
仪表灯	▬▬▶	仪表灯装在汽车仪表板上，其用途是在夜间行车时，照亮车上的仪表，使驾驶员能够看清仪表的指示情况。
制动灯	▬▬▶	制动灯安装在汽车后部，多采用组合式灯具。其用途是给后方的车辆和行人发出醒目的红色信号，表示车辆制动减速或刹车。
雾灯	▬▬▶	雾灯安装在比前照灯更低的位置，它的扩散角大，配光稳定，灯光颜色为黄色或琥珀色。

前照灯电路的识图

如下为老款汽车的照明灯电路，如今多采用电子控制装置，电路简化了很多，但当看相对较老的前照灯控制过程，更容易理解汽车照明电路的控制。

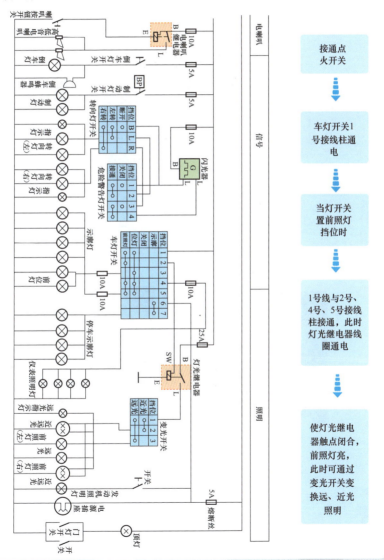

1　将点火开关置于"ON"位，并将灯光开关开至前照灯位，前照灯的近光应点亮。

目测近光灯亮度是
否正常

目测前照灯亮度是
否正常

2　在近光灯点亮的情况下，按动前照灯变光开关，远光灯应点亮。

3　前照灯灯光开关的检测：将灯光开关开至"前照灯"位置，用万用表检测其 1 号接线柱与 7 号、4 号接线柱之间的导通情况，正常时应导通（阻值为 0），否则为灯光开关故障。

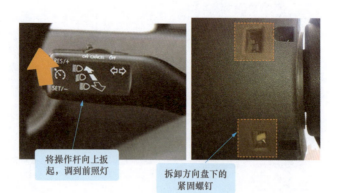

将操作杆向上扳
起，调到前照灯

拆卸方向盘下的
紧固螺钉

4　将组合开关下的接线端子拆出来：先要将汽车蓄电池正极接线断开，保证汽车断电。然后拆卸方向盘下的固定螺钉。

5 拆出变光开关总成，找到其接线端子并断开。

变光开关
总成接线

变光开关
操纵杆

变光开关总
成接线端子

6 将万用表调至电阻挡，检测 1 号接线柱与 7 号或 4 号接线柱的电
阻值。正常时应均为 0。

红表笔接1
号接线柱

黑表笔接7
号接线柱

前照灯变光开关的检测

1 将前照灯操作杆置于 OFF 状态，即未变光时，检测 7 号、8 号接线柱间的电阻，正常应为 0。

未选择任何变光情况

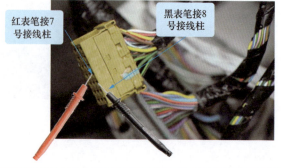

红表笔接 7 号接线柱

黑表笔接 8 号接线柱

2 若正常，按动变光开关，检测其 7 号、12 号接线柱之间的导通情况，正常时应导通（阻值为 0），否则为变光开关故障。

使用故障诊断仪检测

随着电子技术的发展，汽车内芯片级设备越来越多，故障检测越来越麻烦，于是出现了故障诊断仪的高效检测方法。

汽车故障诊断仪一般具有如下几项或全部的功能：①读取故障码；②清除故障码；③读取发动机动态数据流；④示波功能；⑤元件动作测试；⑥匹配、设定和编码等功能。

故障诊断仪大都随机带有使用手册，按照说明极易操作。

1 汽车故障诊断仪需要连接在汽车的诊断插座位置，才能对汽车的故障进行解码，不同汽车的插座位置不同，可以利用汽车使用说明书找到其具体位置。

在发动机下的诊断插座

在发动机舱壁内的诊断插座

2 本次所检测的车型的故障诊断插座在驾驶员左护板侧保险盒内，将诊断仪接口与汽车诊断插座进行连接。

故障诊断仪插头

驾驶员侧的保险盒

3 KT600型故障诊断仪开机，选择故障车型及读取正确的车型信息后，打开相应的前照灯进行测试。

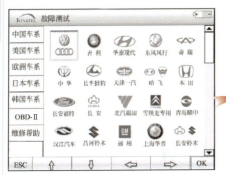

4 如果测试灯始终点亮，则测试信号电路是否对电压短路。如果电路测试正常，则更换K9车身控制模块，K9车身控制模块的位置在副驾驶员侧左方的挡板内。

5 在拆卸挡板时，按照如下顺序拆卸。

6 打开封挡片后便能够看到其中的K9车身控制模块。

| 7 | 取出车身控制模块，并拔掉上面各种连接插头，更换即可。 |

K9车身
控制模块

| 8 | 如果测试灯始终熄灭，则测试信号电路是否对搭铁短路或开路／电阻过大。如果电路测试正常，则更换K9车身控制模块。 |

| 9 | 如果所有电路测试正常，则更换相应的前照灯。 |

前照灯故障代码

故障代码	故障说明
DTC B257501	前照灯控制电路对蓄电池短路
DTC B257504	前照灯控制电路开路
DTC B269901	右侧前照灯控制电路对蓄电池短路
DTC B269902	右侧前照灯控制电路对搭铁短路
DTC B269904	右侧前照灯控制电路开路
DTC B257502	前照灯控制电路对搭铁短路

远光控制电路的检测

前照灯远光继电器始终由蓄电池电压供电，按下转向信号／多功能开关，使转向信号／多功能开关信号电路搭铁。车身控制模块（BCM）向前照灯远光继电器通电时，继电器开关触点闭合，蓄电池电压通过远光灯灯丝供至远光灯电源电压电路，从而点亮远光灯。

使用故障诊断仪指令远光灯点亮和熄灭。在指令状态间切换时，测试灯应点亮和熄灭（操作方法与之前相同）。

前照灯继电器

如果测试灯始终点亮，检查控制电路是否对搭铁短路。如果电路测试正常，则更换车身控制模块。

如果测试灯始终熄灭，则检查控制电路是否对电压短路或开路 / 电阻过大。如果电路测试正常，则更换车身控制模块。

5.1.3 制动灯电路的检测

制动踏板位置传感器用于感应驾驶员操作制动踏板的动作。制动踏板位置传感器向车身控制模块提供一个模拟电压信号，制动灯亮。

将点火开关置于 ON 位置，指令制动灯测试。制动灯应点亮／熄灭。否则应进行如下检测：

1 将点火开关置于 OFF 位置，然后拆开制动灯连接器所在的接线盒，如下所示。

2 找到刹车灯线束连接器，并将其断开，如下所示。

拆开驾驶员侧的接线盒

刹车灯连接器

3 检测左侧尾灯／制动灯线束连接器相应端子与右侧尾灯／制动灯线束连接器相应端子相应的搭铁电路线束连接器端子和搭铁之间的电阻是否小于 5Ω。

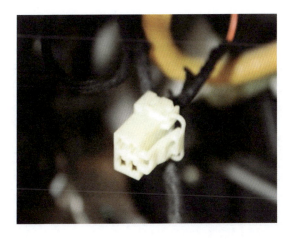

4 在左侧尾灯／制动灯线束连接器相应端子及右侧尾灯／制动灯线束连接器相应端子和搭铁之间连接一个测试灯。使用故障诊断仪，指令制动灯测试。

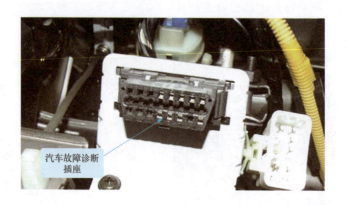

汽车故障诊断
插座

如果测试灯始终点亮，则测试相应的控制电路是否对电压短路。如果电路测试正常，则更换车身控制模块。

如果测试灯始终熄灭，则测试相应的控制电路是否对搭铁短路或开路／电阻过大。如果电路测试正常，则更换车身控制模块。

5 如果所有电路测试正常，则测试或更换相应的尾灯。

5.1.4 牌照灯电路的检测

通过车身控制模块向牌照灯控制电路提供蓄电池电压做出反应，这时左侧和右侧牌照灯通电，牌照灯点亮。

将点火开关置于 ON 位置，执行牌照灯测试。牌照灯应点亮／熄灭。否则按如下步骤进行检测：

1 将点火开关置于 OFF 位置，打开后备厢，然后撬开牌照灯外壳，断开牌照灯的线束连接器。

可以使用塑料的刮片从牌照灯四周撬

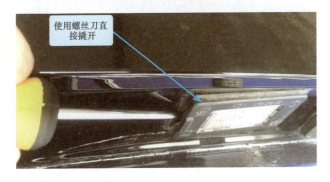

使用螺丝刀直接撬开

2 测试牌照灯搭铁电路线束连接器相关端子和搭铁之间的电阻是否小于 5Ω。
如果大于规定值，则测试搭铁电路是否开路／电阻过大。

3 在牌照灯控制电路线束连接器相关端子和搭铁之间连接一个测试灯，使用故障诊断仪，指令牌照灯点亮和熄灭。在指令状态之间切换时，测试灯应点亮和熄灭。
如果不亮则更换牌照灯。

5.2.1 校正大灯安装位置的方法

　　为了校正大灯安装位置，必要时应拆下前保险杠盖板进行多次调整，以达到要求。如果在检查大灯安装位置时，发现大灯与车身之间的间隙尺寸不均匀，必须校正安装位置。校正大灯安装位置方法如下。

1　关闭点火开关及所有用电器，拔出点火钥匙。松开大灯左上部固定螺栓。

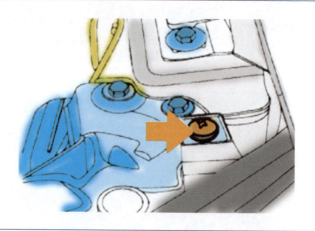

2　松开大灯右上部固定螺栓（按箭头方向）。

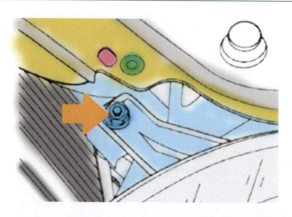

3 通过旋入或旋出在大灯右上部的调节衬套（按箭头方向）来调节大灯与前保险杠的间隙到要求尺寸。

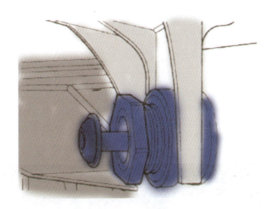

4 如调整右上部螺栓无法达到尺寸（间隙）要求，则进行以下操作。

（1）拆下前保险杠盖板及保险杠。

（2）如下图所示，从大灯上松开左下部固定螺栓（按箭头方向）。

（3）通过旋入或旋出在大灯左下部或右上部的调节衬套来调节与车身的尺寸（间隙）。

（4）以规定的拧紧力矩拧紧螺栓连接。

（5）重新安装保险杠及前保险杠盖板。

（6）检查大灯安装位置间隙尺寸是否均匀，必要时重新校正。

（7）检查大灯的功能，必要时调整大灯。

前照灯调节前，应做到以下几点

（1）将车辆停在水平表面上。

（2）确保轮胎压力合适。

（3）驾驶员或与其体重相同的人应坐在驾驶员座椅上。

前照灯调整程序如下

1 清洁外灯罩，以便能看到前照灯的中心。

前照灯的中心

2 将车辆停在墙面或者屏幕前，打开近光灯进行水平调节，观察灯光是否正确对光。

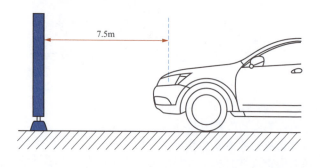

7.5m

3 垂直调节指测量前照灯 A 的高度；调整划线 B 至前照灯高度。

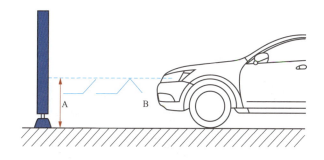

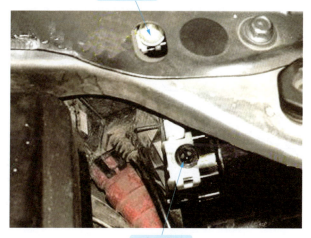

左右调节

水平调节

5.3　电动车窗与门锁系统检测

5.3.1 电动车窗的检测

　　汽车电动车窗主要由升降控制开关、电动机、升降机构和继电器等组成，它是利用开关控制电动机中的电流方向，实现车窗的升降功能。

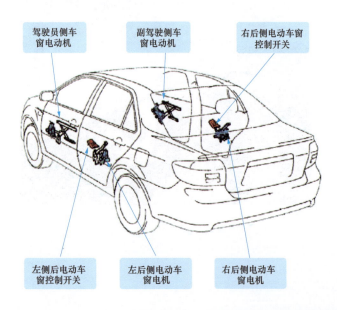

车窗电动机都是双向的，分永磁式和双绕组串励式两类。

永磁式电动机

永磁式直流电动机是通过改变输入电枢绕组的电流方向使电动机向不同的方向旋转。永磁式电动机电动车窗的控制电路如下。

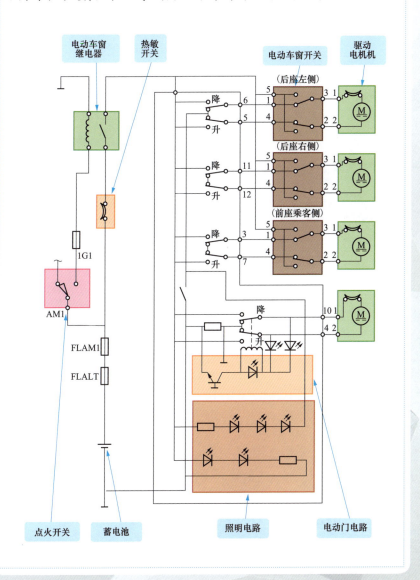

如上页图所示，接通点火开关后，电动车窗继电器线圈通电，触点闭合，接通了电动车窗控制电路的电源，电动车窗可随时工作。

驾驶员侧主开关 ➡ 主开关安装于驾驶员侧车门处或仪表板处，主开关包括控制四个车窗玻璃升降的电动车窗开关和车窗锁止开关。

车门开关 ➡ 车窗锁止开关在接通状态时，各车窗升降控制开关均可操纵车窗玻璃的升降。

驱动电机热敏开关 ➡ 各车窗电动机电路都装有热敏开关，当车窗完全关闭、完全打开或由于车窗玻璃上结冰、卡滞等引起车窗玻璃无法移动时，电路的电流会增大，使热敏开关变热而自动断开，以防止电路过载。

双绕组串励式电动机

双绕组串励式直流电动机有两个绕向相反的磁场绕组，一个称为上升绕组，另一个称为下降绕组，通电后产生相反方向的磁场，即可改变电动机的旋转方向。其控制电路如下。

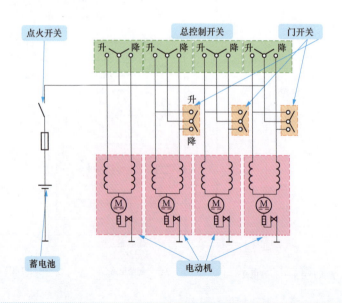

双绕组串励式电动机的两个磁场绕组绕向相反，通过升降开关控制通电的磁场绕组，其中一个绕组通电时，电动机转动使车窗上升；另一个绕组通电时，电动机则反向转动使车窗下降。

电动车窗电动机的结构与原理

电动车窗电动机可正向或反向转运，驱动车窗开闭调节器。其外形与结构如下。

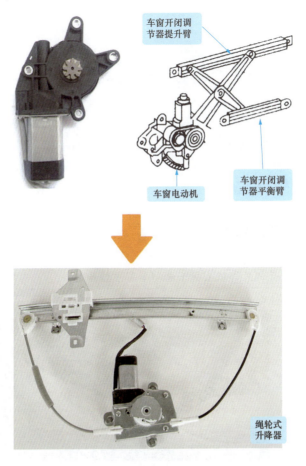

车窗开闭调节器提升臂

车窗电动机

车窗开闭调节器平衡臂

绳轮式升降器

147

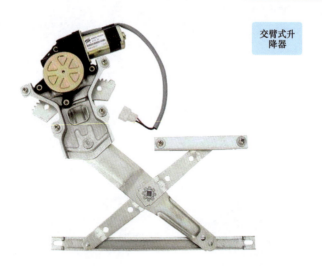

交臂式升降器

　　电动车窗通过开关控制，电动机正向和反向转动。传动装置将电动机旋转传输到车窗开关调节器。传感器由用于控制防夹功能的限位开关和速度传感器组成。

电动车窗开关总成的检修

1 从驾驶员侧装饰板上拆下电动车窗主控开关。

向上掀起

拆最右侧时，需要向右推一下即可全部拆开。

向右推

3 用万用表电阻挡检查总开关的车窗处于上升、下降和关闭状态时各个端子的导通情况。主控开关连接器的端子如下。

1	2	3	⊠	4	5	6
7	8	9	10	11	12	13

开关总成检查时，引脚按如下规则核对。

位置 \ 端子	左前				右前				左后				右后			
	5	6	10	11	2	4	10	11	9	10	11	12	7	8	10	11
向上	○			○	○			○	○		○		○			○
		○—○				○—○				○—○				○—○		
关闭	○—○		○		○—○		○		○	○—○			○		○—○	
		○—○				○—○					○—○					
向下	○			○	○			○	○—○				○			○
		○—○				○—○				○		○		○—○		

电动车窗闭锁开关检查

当开关位于 LOCK 位置时，端子 1 和 11 间断路（无穷大），当开关位于 UNLOCK 位置时，端子 1 和端子 11 间导通。

5.3.2 电动门锁的检测

现代汽车的门锁多采用中央门锁，这种门锁主要由控制部分和执行机械组成。其中控制部分主要包括门锁开关和门锁控制器。

中央控制功能

当驾驶员锁住其身边的车门时，其他车门也同时锁住，驾驶员可通过门锁开关同时打开各个车门，也可单独打开某个车门。

速度控制功能

当行车达到一定速度时，各个车门能自行锁上，防止乘员误操作车门把手使车门打开发生意外。

单独控制功能

除在驾驶员身边车门以外，还在其他门设置单独的弹簧锁开关，可独立地控制一个车门的打开和锁住。

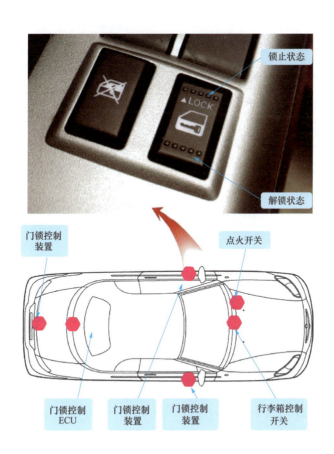

门锁控制器

如今市场上比较流行的是车速感应式门控制器，其电路如下。

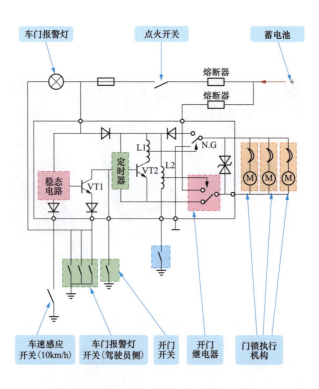

汽车行驶时，若车门未锁，且车速低于10km/h时，置于车速表内的10km/h车速感应开关闭合，此时稳态电路不向三极管VT1提供基极电流；当行车速度高于10km/h时，车速感应开关断开，此时稳态电路给三极管，VT1提供基极电流，VT1导通，定时器触发端经VT1和车门报警开关搭铁，如同按下锁门开关一样，使车门锁定，从而保证行车安全。

中央控制型门锁开关安装在左前门和右前门的内侧扶手上，用来控制全车车门的开启与锁止。

钥匙控制型开关则装在左前门和右前门的外侧门锁上。

门锁执行机构

门锁执行机构根据电路的控制，使用机械操作带动完成开锁或闭锁的功能。

门锁执行机构　　　　　　电动机

门锁控制器

1　将汽车玻璃升降关闭，断开汽车蓄电池正极接线柱。

2　将车门处 3 个固定螺钉拆掉，此时要注意有些车型需要先拆下车把手处的钥匙锁。

3　拆卸钥匙锁紧固螺钉，取下钥匙锁时，要注意钥匙锁此处的小孔，用钥匙转 360°，用钢丝插入小孔才可以取出。

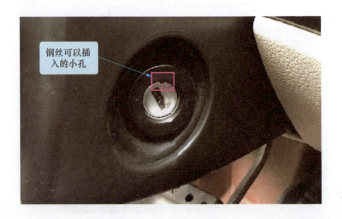

钢丝可以插入的小孔

将钢丝插入后，锁头弹出

4 拆开内饰装饰板的紧固螺钉，然后就能够看到下面的中央门锁的全貌了。

5 对其进行故障检测，需要注意的是若是需要在路检测，则应该在不变动电路的情况下进行检查。

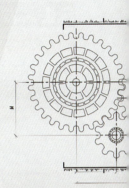

发动机电控系统检测

6.1 发动机控制系统

6.1.1 发动机电控系统

发动机电控系统，控制着整车的电子系统，涉及空气供给系统、燃油供给系统、点火控制系统、污染控制系统和电子控制系统等。

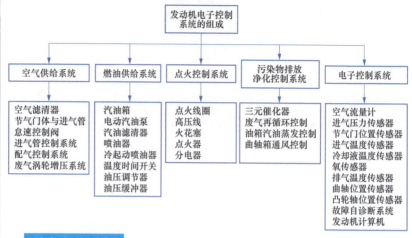

空气供给系统

空气滤清器过滤空气；空气流量计计量发动机进气量，其内的进气温度传感器用来检测进气温度，使进气量计量更准确；节气门体控制发动机进气量和发动机怠速。空气供给系统通过动力阀等配气控制系统保证流过进气道的空气量最大。

燃油供给系统

油箱内汽油由电动汽油泵泵出，燃油滤清器过滤后，油压调节器将压力调整为比进气管压力高约 250kPa。当油路压力超过规定值时，一部分回到油箱，大部分经分配油管配送给各个喷油器和冷起动喷油器。当 ECU 发出信号给喷油器通电时，与进气量相适应的汽油被喷射到进气歧管中。

电子控制系统

电子控制系统由传感器、ECU、执行器组成。传感器收集数值并传送给电子控制单元 (ECU)。电子控制单元是一个微型计算机，内有集成电路以及其他精密的电子元件。它汇集了发动机上各个传感器采集的信号和点火分电器的信号，向执行器（如喷射器）发出动作指令。

点火控制系统

准时点燃空气与汽油形成的混合气，使发动机做功。

污染物排放净化控制系统

减少发动机工作时对大气的污染。汽车发动机的污染物来自油箱、发动机曲轴箱和排气管。

6.1.2 发动机电控系统的工作原理

在发动机电控系统中，ECU 接收来自各种传感器的信号，并处理接收到的信息，同时发出相应的控制指令，来控制各执行器完成正确的动作，使发动机在不同工况下均能使混合气获得合适的空燃比。

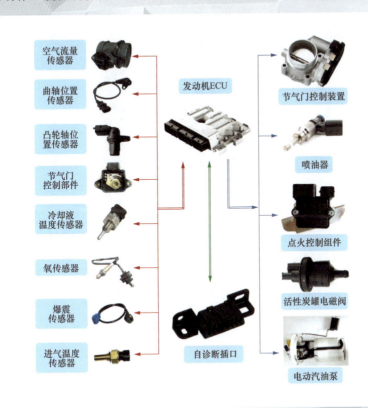

空气流量传感器　曲轴位置传感器　凸轮轴位置传感器　节气门控制部件　冷却液温度传感器　氧传感器　爆震传感器　进气温度传感器　发动机ECU　自诊断插口　节气门控制装置　喷油器　点火控制组件　活性炭罐电磁阀　电动汽油泵

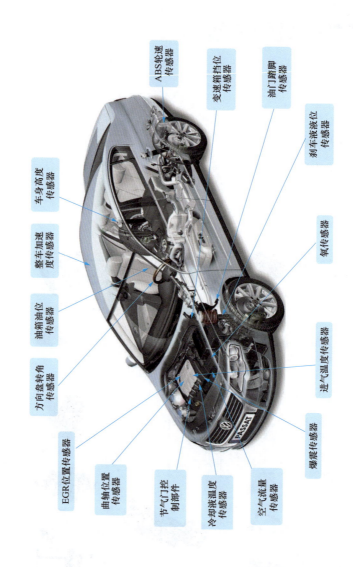

ABS轮速传感器

变速箱挡位传感器

油门踏脚传感器

刹车液液位传感器

车身高度传感器

整车加速度传感器

氧传感器

油箱油位传感器

方向盘转角传感器

进气温度传感器

EGR位置传感器

曲轴位置传感器

节气门控制部件

冷却液温度传感器

空气流量传感器

爆震传感器

节气门位置传感器位置与作用

　　节气门位置传感器用来检测发动机的工况，怠速阀用来控制发动机的怠速，其外形和安装位置如下。

节气门位置传感器

节气门控制架

节气门怠速控制阀

空气流量传感器位置与作用

　　空气流量传感器用来检测进气量，是进气管路的一部分，其外形和安装位置如下。

空气流量传感器

进气岐管绝对压力传感器位置与作用

进气压力传感器简称MAP。它以真空管连接进气岐管,随着引擎不同的转速负荷,感应进气岐管内的真空变化,再从感知器内部电阻的改变,转换成电压信号,供ECM电脑修正喷油量和点火时角度。其外形和安装位置如下。

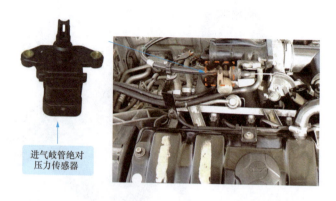

进气岐管绝对
压力传感器

氧传感器位置与作用

氧传感器可以检测废气中的含氧量,实现空燃比的闭环控制,其外形和安装位置如下。

氧传感器

冷却液温度传感器位置与作用

　　冷却液温度传感器可以检测发动机冷却液的温度，修正空燃比和点火时间，其外形和安装位置如下。

冷却液温度
传感器

曲轴位置传感器位置与作用

　　曲轴位置传感器安装在发动机缸体后部，信号轮安装在曲轴上，和曲轴同步运转，提供曲轴转速、转角、基准点等信息。

曲轴位置
传感器

进气温度传感器位置与作用

　　进气温度传感器用来检测进气温度，修正发动机的空燃比和点火时间，其外形和安装位置如下。

进气温度
传感器

爆震传感器位置与作用

　　爆震传感器用来检测做功时，是否产生爆震，以实现点火时刻的闭环控制，其外形和安装位置如下。

爆震
传感器

6.2　各类传感器的检测

6.2.1 空气流量传感器的检测

空气流量传感器安装在空气滤清器和节气门之间，用来测量进入气缸内空气量的多少，然后将进气量信号转换成电压信号输入电控单元，从而由电控单元计算出喷油量，控制喷油器向节气门室（进气管）喷入与进气量成最佳比例（14.7∶1）的燃油。

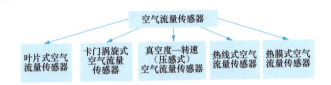

热线式空气流量传感器可分为5线和6线式两种。6线式传感器与5线式传感器相比，除增加一个自洁信号端外，其余端子控制基本相同。

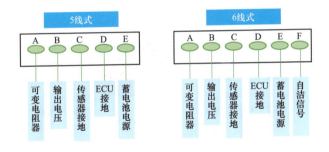

以日产千里马轿车发动机为例，说明热线式空气流量传感器的检测方法。

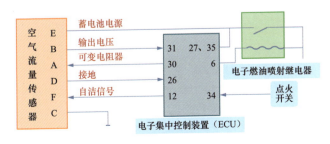

| E 端子 ▪▪▪▶ | 蓄电池供电电压输入端，一般为 12V。 |

| B 端子 ▪▪▪▶ | 热线式空气流量传感器信号输出端，输出的信号提供给电子集中控制装置 ECCS 作为控制检测信号。 |

| D 端子 ▪▪▪▶ | 为热线式空气流量传感器接地端。 |

| F 端子 ▪▪▪▶ | 自洁信号输出端，信号来自 ECCS 控制电路。当点火开关关闭，ECCS 通过 F 端子向传感器输入一个自洁信号，使传感器内的加热电阻丝在 5s 内升温至 1000℃ 左右，并保持 1s 时间，以便将残留在热线上的污垢和油渍等烧掉，保证传感器的准确性。 |

| A 端子 ▪▪▪▶ | 调整 CO（一氧化碳）的可变电阻输出端子。 |

输出信号检测

检查输出信号，其端子 B 和端子 D 电压值应为 1.1 ~ 2.1V；测量端子 B 和端子 D 之间电压应为 2 ~ 4V，如不符合，应更换。

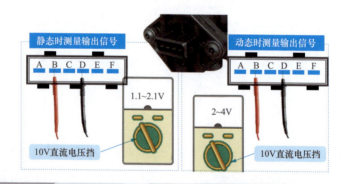

自洁功能检测

检查自洁功能：装好热线式空气流量传感器及其导线连接器，拆下此空气流量传感器的防尘网，打开点火开关，起动发动机。当点火开关发动机停转后 5s，从空气流量传感器的进气口处，可以看到金属热线自动加热烧红约 1s。温度达到近 1000℃。

除了使用以上直观检测法，还可以使用万用表对空气流量传感器进行检测，其步骤如下：

166

（1）将发动机冷却液温度上升至60℃以上，发动机转速超过1500r/min。

（2）调整万用表到10V直流电压挡，将两表笔接在插座的F端子与D端子之间。

（3）关闭点火开关，万用表的电压指示值应回零并在5s后又跳跃上升，1s后再回到零。

6.2.2 进气歧管压力传感器的检测

在汽车中，除了空气流量传感器之外，为了防止气压的影响，一般都会安装进气压力传感器，以获得气体的精确计算值。

进气歧管压力传感器通常安装于发动机舱内，通过软管与进气歧管相连。

三线式传感器

三线式歧管压力传感器，其中一个端子为电源端，为传感器提供5V基准电压，一个为接地端，另一个为歧管压力信号端。

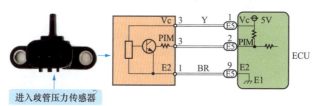

四线式传感器

由于将歧管压力传感器和进气温度传感器组合在一起，因此形成了四个端子的传感器，其中一个端子为进气温度传感器和歧管压力传感器提供5V基准电压，另一个为传感器共同接地端，另外两个分别为进气温度信号及歧管压力信号。

进气歧管压力传感器检测

当点火开关位于ON位置时，检查歧管压力传感器信号输出端与接地端的电压值，应符合各车型检测参数。如不符合，检查歧管压力传感器及其线路故障。

桑塔纳 2000GLi 车系进气歧管压力传感器参数

端子	检测项目	检测条件	标准值 /V
3-1	电压	打开点火开关	5
4-1	电压	打开点火开关，发动机不运转	3.8 ~ 4.2
		发动机怠速运转	0.8 ~ 1.3
		加大节气门开度	信号电压应上升

本田雅阁飞度车系进气歧管压力传感器参数 (2.0L 和 2.3L)

端子	检测项目	检测条件	标准值 /V
1-3	电压	断开插接器，点火开关 ON	5
A11-A21	电压	点火开关 ON	5

奇瑞 QQ 车系进气歧管压力传感器参数

端子	检测项目	检测条件	标准值 /V
4- 接地	电压	点火开关 ON	3.8 ~ 4.2
	电压	怠速	0.8 ~ 1.3
3- 接地	电压	断开插接器	5

奇瑞奇云车系进气歧管压力传感器参数

端子	检测项目	检测条件	标准值 /V	端子功能
A	—	—	—	压力信号
B	—	—	—	+5V
C	—	—	—	温度信号
D	—	—	—	信号接地
A-D	电压	连接插接器发动机怠速运转	1.3V	—
B-D	电压		5V	—
C-D	电压	断开插接器温度20 ~ 30℃	2.35V	—
C-D	电压		3510 ~ 2240Ω	—

6.2.3 进气温度传感器的检测

进气温度传感器与冷却液温度传感器工作原理相似，都采用了热敏电阻式温度传感器，根据电阻的变化将进气温度转变为电压信号输入发动机控制模块。

进气温度传感器一般安装在进气歧管上。

四线式传感器

四线式传感器外形与接线方式如下。

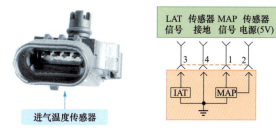

进气温度传感器

二线式传感器

二线式传感器将歧管压力传感器或体积流量型传感器和进气温度传感器独立开来。一端为信号电压，另一端为接地端。

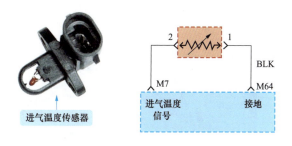

进气温度传感器

进气温度传感器的检测

　　进气温度传感器故障会导致发动机怠速不良、怠速不稳、油耗偏大以及行驶无力等故障现象。

　　由于空气的密度是随着温度的变化而变化的，因此，为获得较为准确的空燃比，发动机ECU以20℃时的空气密度为标准，根据实际测得的进气温度信号修正偏移量。温度低时增加喷油量，高时减少喷油量，幅度在10%左右。

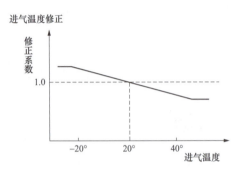

进气温度修正

　　把进气温度传感器装在发动机上，在传感器两个接线端子间用电压表测量电压值，对应任一温度，传感器都应有确定的电压，对照维修手册核对进气温度电阻值的对应关系。

6.2.4 冷却液温度传感器的检测

发动机冷却液温度传感器位于发动机右侧，其作用是向发动机控制模块（ECU）输入发动机冷却液的温度，也就是发动机的温度。ECU利用接收的信息改变点火提前角，并根据发动机温度改变燃油喷射量。

当温度变低时，热敏电阻的电阻值增大，电路中的电流减小，ECU检测到的电压信号增高，热敏电阻的阻值逐渐减小，电路中的电流增大，固定电阻上的电压逐渐增大，因此ECU检测到的信号电压逐渐降低，根据信号ECU将逐渐修正喷油量。

二线式冷却液温度传感器

三线式冷却液温度传感器

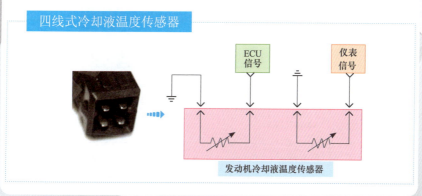

四线式冷却液温度传感器

　　从发动机上拆下冷却液温度传感器。在不同冷却液温度条件下，用电阻表测量传感器的电阻。电阻值应在所示两条曲线之间。如果其电阻值在两条曲线以外，则应更换冷却液温度传感器。

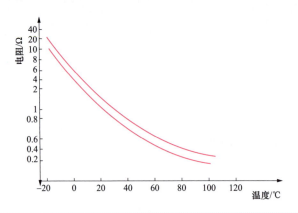

奇瑞风云车系冷却液温度传感器参数

端子	检测项目	检测条件		标准值 /V
1-2	检测不同温度下的电压值	连接插接器，发动机工作		电压变压
1-2	电阻	拆下传感器，放入专用容器中加热	0 20 40 60 80 100	9.4 3.51 1.456 0.670 0.334 0.178

上海通用君威车系（L34 2.0L）冷却液温度传感器参数

端子	检测项目	检测条件	标准值 /V
插座 A- 接地	导通情况	—	导通
B-A	电阻值	拆下传感器	温度升高，电阻降低

6.2.5 节气门系统的检测

为了在怠速范围内操纵节气门，节气门定位器由发动机控制单元驱动；怠速开关、节气门定位电位计和节气门电位计向发动机控制单元传送节气门和节气门定位器当前位置的信号。

节气门位置传感器的分类

触点开关式节气门位置传感器

怠速时 ◄▶ 传感器活动触头与怠速触头接触，怠速工况信号线输出为高电平。

当节气门开度大于50%时 ◄▶ 加一对功率触头闭合，功率信号线输出为高电平。

节气门开度在怠速和50%之间时 ◄▶ 活动触头处于两个触头间，传感器输出线均为低电平。

线性输出型节气门位置传感器

◄▶ 线性输出型节气门位置传感器的滑动触头（VTA信号触头）可在电阻上滑动，并与电阻器形成电位器，利用电阻器电阻值的变化将节气门的开度值转化为一个线性电压信号，并将此线性电压信号输入给 ECU，ECU 根据它确定节气门的开度，并对喷油量进行修正。

节气门位置传感器的接口类型

常用的几种节气门主要有如下几种：

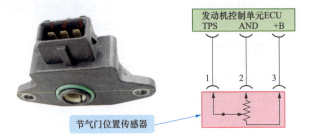

节气门位置传感器

1	节气门位置传感器信号接地
2	节气门位置传感器信号输入
3	节气门位置传感器参考电压

4 线式节气门

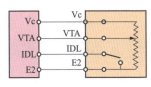

IDL	怠速信号
E2	节气门位置传感器接地
VTA	节气门位置传感器信号输入
Vc	节气门控制器参考电压

6 线式节气门

　　在一些新型的汽车上，TP 传感器有两个传感器电路，引出四个端子，各自发送 VTA1 和 VTA2 信号。VTA1 用于检测节气门开度，VTA2 用于检测 VTA1 的故障。同时，另两个端子用于控制节气门电动机。

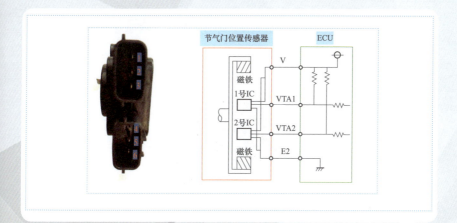

节气门位置传感器的检测

丰田汽车所用的节气门位置传感器是四线式节气门位置传感器，需要对其进行电阻的检测。

1 关闭点火开关，拔下节气门位置传感器的导线连接器。

断开节气门位置传感器的导线连接

2 用万用表电阻挡测量 VTA 和 E2 间的电阻，其电阻值应随节气门开度的增大而呈线性增大。

接VTA   接E2

6.2.6 氧传感器的检测

氧传感器是提供混合器浓度信息，用于修正喷油量，实现对空燃比的闭环控制，保证发动机实际的空燃比接近适当空燃比的主要元件。

氧传感器的控制过程

目前使用的氧传感器有氧化锆式和氧化钛式两种，其中应用得最多的是氧化锆式氧传感器。

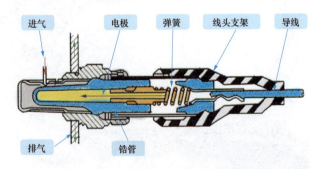

进气   电极   弹簧   线头支架   导线

排气   锆管

氧化锆在温度超过 300℃ 后，才能进行正常工作。大部分汽车使用带加热器的氧传感器，传感器内有一个电加热元件，可在发动机起动后的 10 ~ 30s 内迅速将氧传感器加热至工作温度。

氧化钛式氧传感器是利用二氧化钛材料的电阻值随排气中氧含量的变化而变化的特性制成的，故又称电阻型氧传感器。

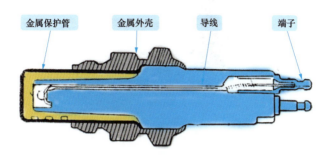

金属保护管　　金属外壳　　导线　　端子

这里以氧化锆式氧传感器为例进行说明。

由于锆式氧传感器管内、外侧氧含量不一致，从而使锆管成为一个微电池，在两电极间产生电压，当混合气的实际空燃比小于理论空燃比时，排气中氧含量少，但 CO、HC 等较多。这些气体在锆管外表面的铅催化作用下与氧发生反应，将耗尽排气中残余的氧，使锆管外表面氧气浓度变为零，这就使得锆管内、外侧氧浓差加大，两铅极间电压陡增。

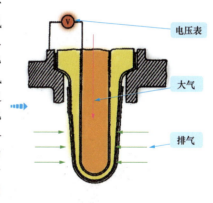

电压表

大气

排气

氧传感器的检测

氧传感器加热器电阻的检测

将点火开关置于"OFF"，拔下氧传感器的导线连接器，用万用表电阻挡测量氧传感器接线端中加热器端子与搭铁端子间的电阻（具体端子请查阅相关车型的维修手册）。

氧传感器电阻值应符合标准，一般为4～40Ω如不符合标准，应更换氧传感器。测量后，重新连接好氧传感器线束，以便做进一步的检测。

6.2.7 凸轮轴位置传感器的检测

凸轮轴位置传感器是发动机电子控制系统中最重要的传感器之一，其作用是向行车电脑 ECU 提供确认活塞位置的信号，以此来决定发动机的点火时刻和顺序喷油。

凸轮轴的安装位置

凸轮轴传感器固定在气缸盖罩上。凸轮轴传感器借助一个固定在凸轮轴上的增量轮（凸轮轴传感器齿盘）探测进气凸轮轴的位置。

凸轮轴位置

凸轮轴位置传感器的检测

凸轮位置传感器的 2 号脚为接地脚，接 ECU 的 B98 脚，1 号脚为输出凸轮位置信号，接 ECU 的 B99 脚。

端子	电阻值
1-2	20℃时为 950 ~ 1260Ω

广州本田雅阁车系（K20A7、K24A4）

端子	检测项目	检测条件	标准值 /V
凸轮轴位置传感器			
1- 接地			蓄电池电压
2- 接地	电压	断开插接器，点火开关 ON	5
1-3			蓄电池电压
PCM 插头端子 A7- 接地	电压	点火开关 ON	5
凸轮轴位置传感器			
3- 接地			蓄电池电压
1- 接地	电压	断开插接器，点火开关 ON	5
2-3			蓄电池电压
PCM 插头端子 A6- 接地	电压	点火开关 ON	5

大众桑塔纳 车系

端子	检测项目	检测条件	标准值 /V
1-3	电压	点火开关 ON	5V
1-2	电压	断开点火线圈插接器，拆下分电器盖，点火开关 ON，转动曲轴	此时有约 2V 的电压变化

6.2.8 曲轴位置传感器的检测

曲轴位置传感器的作用就是确定曲轴的位置，即曲轴的转角。它通常要配合凸轮轴位置传感器一起工作确定基本的点火时刻。曲轴位置传感器的输出可用于决定发动机曲轴的旋转位置和转速。

曲轴位置传感器的安装位置

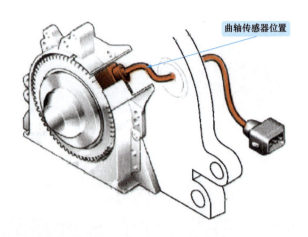

曲轴传感器位置

曲轴位置传感器的检测

用诊断仪检查故障码，确认故障点，主要检查传感器安装是否到位，间隙是否正常，确认传感器线路是否和地线发生短路、断路，是否和电源发生短路、断路，检查线路与针脚定义是否相符。

6.2.9 爆震传感器的检测

发动机的燃烧十分复杂，需要有相当精确的设计与控制，而"爆震"就是一种不正常燃烧。为了防止爆震的产生，爆震传感器是不可缺少的重要部件，以便通过电子控制系统调整点火提前时间。

爆震传感器的安装位置

因为发动机存在爆震现象，因此也就有了爆震传感器，爆震传感器安装在发动机缸体中间以四缸机为例安装在 2 缸和 3 缸之间，或者 1、2 缸中间一个，3、4 缸中间一个。

爆震传感器的检测

爆震传感器为压电式传感器，当发动机发生爆震时，爆震传感器内的压电元件产生一个电压值，DME 通过监测电压的大小，确定发动机的爆震程度。一个爆震传感器有两个 PIN 角，分别为电源和搭铁线。

将万用表打到毫伏挡，用橡胶锤敲击发动机缸体，或者轻轻敲打传感器（注意不要损坏传感器），此时传感器应该有电压输出。

ECU 对各种传感器、执行器以及功率放大电路和检测电路进行监测。一旦发现下列情况之一，应采取相应措施：

（1）爆震传感器故障；

（2）爆震控制数据处理电路故障；

（3）判断缸信号不可信；

（4）爆震传感器的故障标志位置位之后，爆震闭环控制关闭，将储存在 ECU 中的点火提前角减小一个安全角。当出错频度降到低于设定值时，故障标志位复位。

6.3 车载诊断系统的检测

6.3.1 车载诊断系统的识别

车载诊断系统（on-board diagnostics,OBD）就是一个汽车自己诊断自己的工具。为了方便监控和维修,汽车上相继出现了 OBD-Ⅰ系统、OBD-Ⅱ和 OBD-Ⅲ系统。

OBD-Ⅰ系统

OBD-Ⅰ系统的用意是美国加州大气资源局为了减少车辆废气排放,此标准必须符合下列要求:

（1）仪表板必须有"故障警示灯"（MIL）,以提醒驾驶员注意特定的车辆系统已发生故障。

（2）系统必须有记录,传输相关废气控制系统故障码的功能。

（3）电器元件监控至少必须包括:氧传感器、废气再循环 EGR 和油气蒸发控制系统。

ODB-Ⅱ和 ODB-Ⅲ系统

ODB-Ⅱ系统是第二代车载电脑诊断系统。1993 年美国汽车工程师学会制定了一套标准,在这套系统中,每一个电脑都是独立的 ODB-Ⅲ系统,电脑通过 CAN-BUS 线路连接,形成如下的结构。

ODB 系统的安装位置

ODB 接口的位置一般都在方向盘下方的内饰板中,靠近驾驶员膝盖附近的地方,不同车型的位置有所不同,但基本相似。

爱丽舍:OBD 诊断头位于驾驶员左护板侧保险盒内。

OBD系统
安装位置

在电控系统里，当一些重要部件如ECU、进气歧管绝对压力传感器、节气门位置传感器等发生故障时，ECU会通过故障指示灯报警，直到该故障被排除。这样的故障信息记录，可以用故障诊断仪从电子控制单元中调出。

诊断仪也叫解码器，通过诊断仪，可以读取电控车存储在自诊断系统的故障码，以帮助维修人员进行故障的诊断。

解码器

数据线

1	2	3	4	5	6	7	8
9	10	11	12	13	14	15	16

OBD-Ⅱ诊断系统针脚各功能如下。

端子	功能	端子	功能
1	生产厂家自行设定	8	生产厂家自行设定
2	总线正极（BUS+），SAEj1850	9	生产厂家自行设定
3	生产厂家自行设定	10	总线负极（BUS-），SAEj1850
4	底盘接线	11～14	生产厂家自行设定
5	信号接地（信号回流）	15	L线，ISO-9141
6	生产厂家自行设定	16	蓄电池正极
7	K线，ISO-9141		

OBD-Ⅱ故障码的定义：故障码由 5 个数字组成，每个数字都代表了不同的含义。

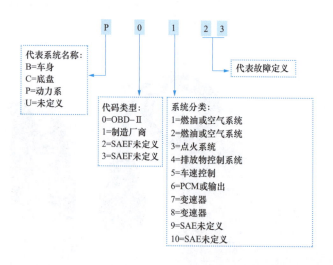

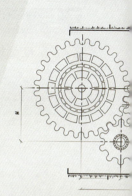

变速器和防抱死制动系统检测

7.1 变速器控制系统检测

7.1.1 自动变速系统的组成

　　自动变速系统是指由液力变矩器、行星齿轮机构、液压、电气控制机构和 ECU 组成的自动控制系统。

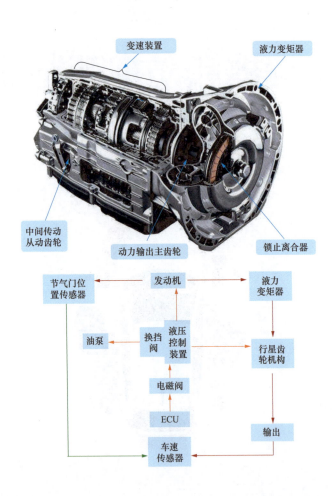

液力变矩器

　　液力变矩器位于自动变速器的最前端，安装在发动机的飞轮上，其作用与采用手动变速器的汽车中的离合器相似，结构组成如下。

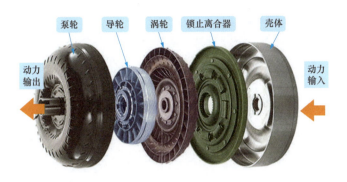

泵轮　　导轮　　涡轮　　锁止离合器　　壳体

动力输出　　动力输入

变速齿轮机构

　　行星齿轮机构是实现变速的机构，速比的改变是通过以不同的元件作主动件和限制不同元件的运动实现的。

供油系统

　　在发动机运转时，油泵都在运转，为自动变速器中的变矩器、换挡执行机构、自动换挡控制系统部分提供一定油压的液压油。

液压控制系统 ➠ 据手动阀的位置及节气门的开度、车速、控制开关的状态等因素，利用液压自动控制原理，按照一定的规律控制行星齿轮变速器中的换挡执行机构的工作，实现自动换挡。

| 电子控制系统 | ➡ | 通过电磁阀控制换挡执行机构工作，实现自动换挡功能。 |

换挡操纵机构

自动变速器换挡操纵机构包括手动选择阀的操纵机构和节气门的操纵机构。通过自动变速器的变速杆改变阀板内的手动阀位置，控制系统根据手动阀的位置及节气门开度、车速、控制开关的状态，按照一定的规律控制变速齿轮机构中的换挡执行元件工作，实现自动换挡。

7.1.2 自动变速器电控系统组成

电控自动变速器的电控系统由传感器、ECU 和执行器组成，自动变速器的组成及其控制原理框图如下。

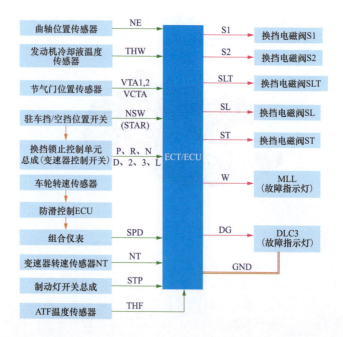

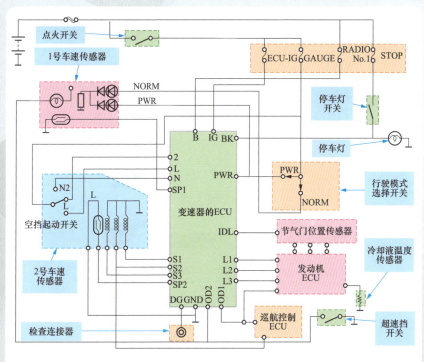

接线端子的符号功能如下。

端子	功 能
+B	为 ECU 诊断存储器供电
STP	接收制动信号
DG	输出故障自诊断结果
GND	ECU 搭铁
IDL	接收节气门位置传感器送来的"全关闭信号"
IG	为 ECU 接通电源
L1、L2、L3	接收节气门位置传感器经发动机 ECU 传来的"开启角度电信号"
L、2、N	接收来自空挡起动开关的信号
OD1	接收由发动机 ECU 输出的"超速和闭锁解除信号"
OD2	接收由 OD 开关输出的"超速通断信号"
PWR	输入驱动方式选择开关的信号,切换到动力换挡模式或常规换挡模式
S1、S2、S3	控制 3 个电磁阀通电或断电的信号。S1、S2 控制行星齿轮变速器自动换挡;而 S3 控制液力变矩器中锁止离合器的接合与分离
SP1、SP3	接收车速信号(其中 SP1 为备用信号)
B_k	接收驻车制动信号,此信号通知 ECU 驻车制动器手柄已经拉紧

■ 控制开关

电子控制装置中的控制开关有空挡起动开关、自动跳合开关（降挡开关）、制动灯开关、超速挡开关、模式开关、挡位开关等。

空挡起动开关

空挡起动开关用以判断选挡手柄的位置，防止发动机在驱动挡位时起动。

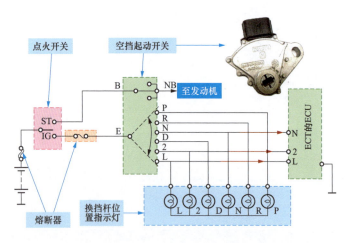

有信号	ECU收到来自L、2、N端子的输入信号，表明变速器相应地处于L、2、N挡位。
挡位信号	
无信号	如果L、2、N端子无信号输入，则ECU判断自动变速器处于D挡位。
空挡起动开关	空挡起动开关只有在N或P挡位时，启动机的控制线路才接通，发动机才能起动，ECU的各端子的信号输入，决定着换挡的程序。

模式开关

大部分电子控制自动变速器都有一个模式开关，安装在换挡手柄或仪表盘上，用于选择驾驶模块。常见的自动变速器的控制模式有运动模式和常规模式。

标准模式 NORM　　**运动模式** PWR

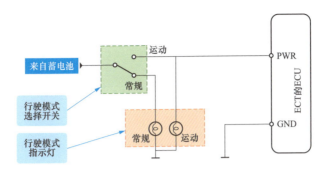

超速挡开关

有些车型设置有超速挡开关，用来控制自动变速器的超速挡（OVER DRIVE，O/D）。

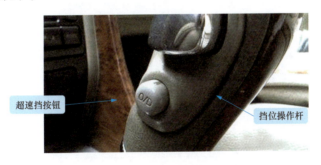

超速挡按钮

挡位操作杆

开关关闭 ▪▪▪▶ 开关关闭后，超速挡控制电路被断开，仪表盘上的"O/D OFF"指示灯随之亮起（表示限制超速挡的使用），自动变速器随着车速的提高而升挡时，最高只能升入 3 挡，不能升入超速挡。

制动灯开关

制动灯开关用于判断制动踏板是否踩下，如果踩下，则该开关便将信号输给电控单元，解除锁止离合器的接合，防止突然制动时发动机熄火。

执行器

电控系统的执行元件是电磁阀。按其作用不同可分为：换挡电磁阀和调压电磁阀、液力变矩器锁止电磁阀。按其工作方式不同也可以分为：开关式电磁阀、脉冲式电磁阀。

开关式液力变矩器电磁阀的作用是开启或关闭液压油路，通常用于控制变矩器锁止控制阀的工作。

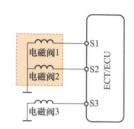

如果电磁阀的线路出现故障，ECU 将立即停止对故障元件输出换挡指令，同时执行失效保护功能。

7.1.3 变速器的基本测试

自动变速器的油位不当、油质不佳、联动机构调节不当以及发动机怠速不正常，是引起自动变速器产生故障的最常见的原因，通常把这些部件的检查与调整叫作自动变速器的基本检查。

油位检查

1	将车辆停放在水平平直的路面上，将车起动后热车，冷却水温度达到 90℃以上，发动机保持运转状态。
2	踩住制动踏板，将拨挡杆从 P 挡依次挂入每一个挡位后回到 P 挡，以使油液进入阀体后和相应油道中；取出油尺，检查油面高度。必须确保油面应在油尺上下刻度之间。

机油尺

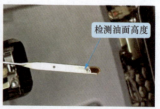
检测油面高度

油质检查

　　变速器在正常工作温度下一般能行驶 4 万公里或 24 个月，影响油液和变速器使用寿命的最重要因素之一是油液的温度，油液温度上升是十分重要和危险的信号，说明自动变速器内部有故障或油量不够。检查油尺时要注意观察油质，如出现下列情况则需要立即换油。

油液状态	变 质 原 因
油液变为深褐色或深红色	（1）没有及时更换油液 （2）长期重载荷运转，某些部件打滑或损坏引起变速器过热
油液中有金属屑	离合器盘、制动器盘或单向离合器严重磨损
油尺上黏附胶质油膏	变速器油温过高
油液有烧焦气味	（1）油温过高、油面过低 （2）油冷却器或管路堵塞
油液从加油管溢出	油面过高或通气堵塞

检查和调整变速操纵杆

　　检查时将变速杆置于停车位置；将点火钥匙转到"起动（START）"位置，如果起动机转动，则调整是正确的；慢慢地将变速杆移到空挡位置，并让其落入凹口。重新起动发动机试验：如果点火钥匙在起动位置时起动机工作，则变速杆操纵杆系的调整是正确的；如起动机不啮合，则操纵杆系应进行调整。

1	将变速杆放置在停车位置，松开装在变速驱动桥壳体上的钢丝绳支架压板的螺栓。
2	将变速驱动桥的换挡拉杆移到棘爪位置，当听到换挡拉杆上的滚珠落入棘爪凹口的"啪嗒"声时，即表明换挡拉杆已对正前棘爪位置。
3	移动换挡拉杆钢丝绳，以达到正确的调整；按规定力矩拧紧压板固定螺栓。
4	再次检查变速杆操纵杆系的调整情况，起动机只有在停车／空挡位置才能接合；将点火钥匙转到"接通（ON）"位置，将变速杆移入倒挡位置，如电路是完好的，倒挡灯应亮。

7.2 防抱死制动系统(ABS)检测

7.2.1 ABS系统的组成及作用

　　车辆在干燥道路上突然施加制动或在湿滑道路上正常施加制动时，如果制动力过大，则会严重影响车轮正常转向，这样车轮可能会抱死。为了防止这种情况，所以车辆装备ABS系统。

　　装备ABS车辆与未装备ABS的车辆受控转向性能如下。

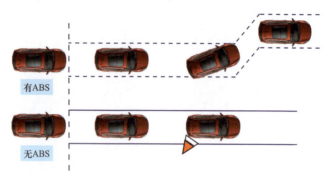

有ABS

无ABS

　　ABS系统是在普通制动系统的基础上加装车轮速度器、ABS电控单元、制动压力调节装置及制动控制电路等组成。

制动压力调节器　　总制动泵　　后轮速度传感器

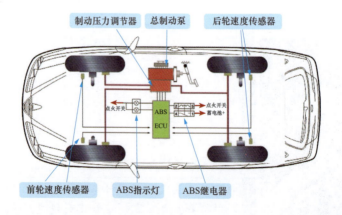

前轮速度传感器　　ABS指示灯　　ABS继电器

7.2.2 ABS 系统的检测

　　在接通点火开关后，ABS/EDS 和 ASR（驱动防滑系统）进行自检。自检时，黄色的 ABS/EDS 警告灯亮。在驱动防滑系统（若有）进行自检时，驱动防滑系统警告灯也亮。自检时油泵和继电器会发出噪声，并有振动传到制动踏板。约 2s 后，警告灯熄灭，表示系统通过自检。

　　如果 ABS/EDS 系统没有通过自检，警告灯亮。如果驱动防滑系统发生故障影响了 ABS 系统，则 ASR 和 ABS/EDS 警告灯全亮。不论是哪种形式故障，都要检查系统的故障码。

7.2.3 读取 ABS 故障码

故障码读取

| 1 | 要得到 ABS/EDS 和牵引力控制系统的故障码，需要使用故障诊断仪和相应的数据线。 |
| 2 | 如果解码器不显示，检查数据线的连接情况，同时检查 DLC 的蓄电池电源。读取故障码后针对提示解除相应故障。 |

ABS数据线连接口

目前一些品牌的汽车直接支持使用手机读取汽车的故障码，但需要一根匹配汽车自诊断插座的数据线，然后在手机上安装相应的 App，便可以读取故障码，操作比较简单。下面以手机连接汽车自诊断插座清除故障码为例，介绍其操作过程。

1 根据故障码的提示，寻找汽车故障原因。当故障排除后，需要将故障码清除，就需要按以下的操作顺序操作。

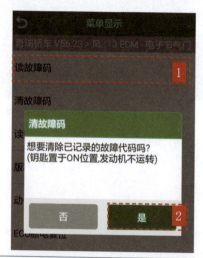

2 在出现确定清除对话框后，就会出现已清除对话框。

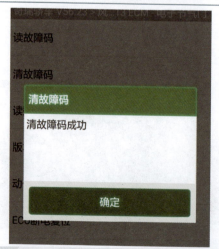

3 连接自诊断数据线后，登录系统，在打开的界面中按照图中 1 所示选择诊断后，即可出现相应界面，然后再选择车型，即图中 2 所示。

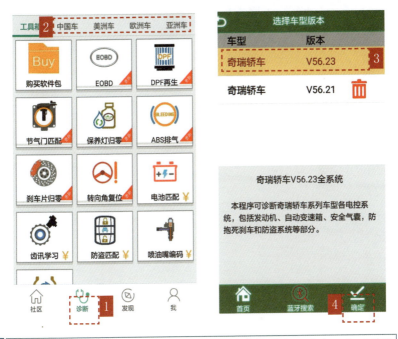

4 按照图中 3 所示，选择汽车版本，然后再选择图中 4 确定，即可读取故障码。

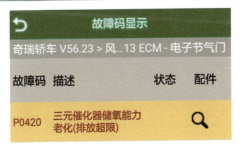

　　需要注意的是，在试图清除故障码前，必须先行输出。如果车速超过 20km/h，或在检索故障码和清除时点火开关关闭，则故障码不能被清除。

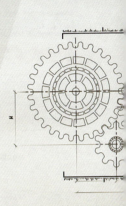

空调系统检测

8.1　空调系统的基本检测

8.1.1 空调系统的作用

如今汽车上的空调系统已经成为标准配置，在人们的印象中，它的作用只是夏天制冷，冬天取暖，实际上远不止这些。空调系统的作用可以归纳为以下四种：

制冷　▐▐▐▶　空调制冷系统吸收车内热量，降低车内温度，我们对空调的维修主要集中在制冷系统的维修。

加热　▐▐▐▶　客车有单独的制热装置，而轿车多数是利用发动机工作时，利用冷却液在车内散发热量，升高车内的温度。

净化　▐▐▐▶　实现对车内进行换气和净化。

湿度　▐▐▐▶　控制车内空气的湿度，通过冷热空气的混合，从而良好地控制车内的空气湿度。

> ### 按使用方法分类

所谓手动空调非常容易理解，为全手动操作，上手也比较简单，其面板如下。

半自动空调就是空调的温度调节是自动的（根据设定预期温度值会自动调整出风口冷热量）其余如风道的方向，风量的大小，以及关闭开启内循环则是手动的，大众品牌的汽车就有很多车型采用半自动空调。

自动空调可以分为单温区和双温区两种形式，自动空调在面板上有个 AUTO 键，会让风量、出风模式、温度等一切均为自动调节，如果手动设定温度，那么其他全部根据设定温度自动调节。

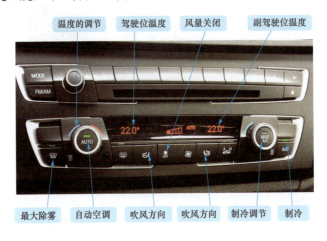

　　温度的调节　　驾驶位温度　　风量关闭　　副驾驶位温度

　　最大除雾　　自动空调　　吹风方向　　吹风方向　　制冷调节　　制冷

按驱动方式分类

　　非独立式汽车空调汽车空调系统的制冷性能、工作稳定性受发动机工况的影响较大。低速制冷不足，高速则制冷量过剩，消耗发动机 10% ~ 15% 的功率。汽车停驶时，空调也不能工作。

　　独立式汽车空调空调制冷压缩机由专用的空调发动机（也称副发动机）驱动，汽车空调系统的制冷性能、工作稳定性不受汽车主发动机工况的影响，工作稳定，制冷量大。

8.1.2 空调系统的组成

普通空调系统

　　车用普通空调系统主要由压缩机、冷凝器、膨胀阀、蒸发器和有关控制装置等组成。

　　为了能够解释清楚其构成，此处以汽车不同状态下的系统为例进行讲述。

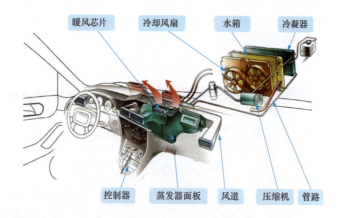

暖风芯片　　冷却风扇　　水箱　　冷凝器

控制器　　蒸发器面板　　风道　　压缩机　　管路

制冷系统

制冷系统由压缩机、冷凝器、储液干燥器、膨胀节流阀、蒸发器、高低压管路组成。

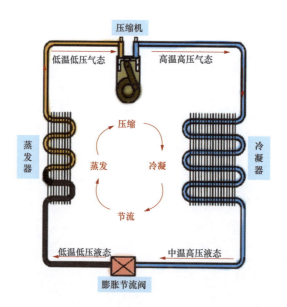

压缩机

低温低压气态　　高温高压气态

压缩

蒸发　　冷凝

节流

蒸发器　　冷凝器

低温低压液态　　中温高压液态

膨胀节流阀

压 缩 过程 ◄━━▶	将流经蒸发器的低温、低压的气态制冷剂压缩为高温、高压的气态制冷剂，输送到冷凝器。
冷 凝 过程 ◄━━▶	将高温、高压的气态制冷剂冷却，变为中温、高压的液态制冷剂，送入干燥瓶。
干 燥 过程 ◄━━▶	将中温、高压的液态制冷剂过滤，除去制冷剂中的杂质和水分，送入节流阀，并储存小部分的制冷剂。
膨 胀 过程 ◄━━▶	将过滤后的中温、高压液态制冷剂，利用节流原理使其转变为低压雾状的液／气态混合物，送入蒸发器。
蒸 发 过程 ◄━━▶	低压雾状的液／气态混合物流至蒸发器，吸收周围的热量而汽化，达到制冷的目的。

暖风系统

暖风系统，对从外部进入车内的和车内循环的空气加热，达到取暖除湿的目的。

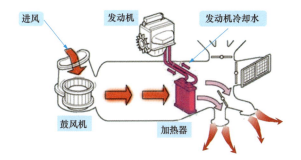

通风系统

通风系统由鼓风机、空气进气口、配气出风口、送风管道等组成。起到通风换气的作用，同时也防止风窗玻璃起雾。

新鲜空气方式　　　　　　内循环方式

　　自动空调系统与普通空调系统的最大区别在于前者比后者多了若干电子传感元件、控制元件及执行元件，全自动空调系统的组成如下。

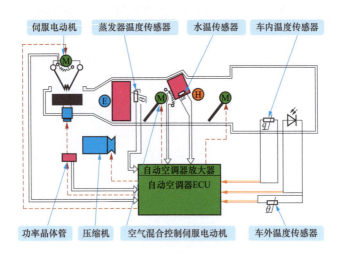

伺服电动机　蒸发器温度传感器　水温传感器　车内温度传感器

自动空调器放大器
自动空调器ECU

功率晶体管　压缩机　空气混合控制伺服电动机　车外温度传感器

　　由上图可知，自动空调系统主要由 4 个部分组成，它们分别是控制面板、传感器、空调 ECU 和执行器。

传感器

　　自动空调系统的传感器相当于该系统的"眼睛"，用于监测汽车内的温度、湿度及出风状态等信息，传感器及主要 ECU 安装位置如下。

A/C压力开关

水温传感器

环境温度
传感器

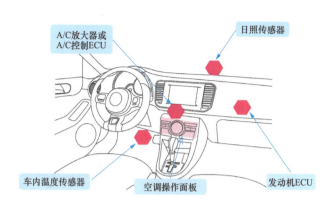

图中标注：
- A/C放大器或 A/C控制ECU
- 日照传感器
- 车内温度传感器
- 空调操作面板
- 发动机ECU

8.1.3 东风雪铁龙 C5 汽车自动空调系统电路

东风雪铁龙 C5 轿车自动空调电控系统的组成和工作原理如下。

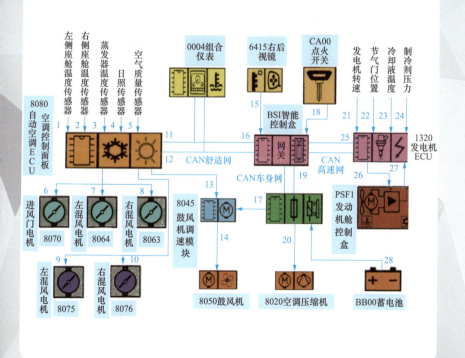

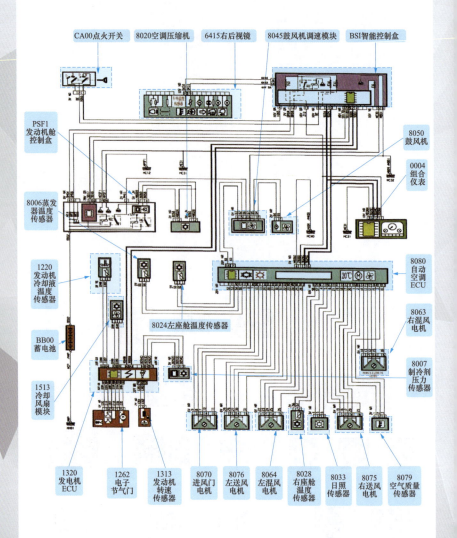

CA00点火开关　　8020空调压缩机　　6415右后视镜　　8045鼓风机调速模块　　BSI智能控制盒

PSF1
发动机舱
控制盒

8050
鼓风机

0004
组合
仪表

8006蒸发
器温度
传感器

1220
发动机
冷却液
温度
传感器

8080
自动
空调
ECU

8024左座舱温度传感器

8063
右混风
电机

BB00
蓄电池

8007
制冷剂
压力
传感器

1513
冷却
风扇
模块

1320
发电机
ECU

1262
电子
节气门

1313
发动机
转速
传感器

8070
进风门
电机

8076
左送风
电机

8064
左混风
电机

8028
右座舱
温度
传感器

8033
日照
传感器

8075
右送风
电机

8079
空气质量
传感器

自动空调电控系统电路信号类型及对应导线编号如下。

连接号	信号	信号类型	接收器	电路图对应导线编号
1	左侧座舱温度信号	模拟信号	8024/8080	26V NR 52、53
2	右侧座舱温度信号	模拟信号	8028/8080	18V NR 56、57
3	蒸发器温度信号	模拟信号	8006/8080	26V NR 54、55
4	阳光照射信号	模拟信号	8033/8080	18V NR 4、5
5	空气质量信号	占空比信号	8079/8080	18V NR 3
6	进风门电机信号	占空比信号	8080/8070	26V NR 9、8、7、10、11
7	左混风电机信号	占空比信号	8080/8064	26V NR 22、23、24、25、26
8	右混风电机信号	占空比信号	8080/8063	26V NR 14、13、12、15、16
9	左送风电机信号	占空比信号	8080/8076	26V NR 29、28、27、30、31
10	右送风电机信号	占空比信号	8080/8075	26V NR 19、18、17、20、21
11	自动空调系统的工作状况	CAN 舒适网信号	8080/0004	9024C、9025C
12	自动空调系统的工作状况	CAN 舒适网信号	8080/BSI	9024、9025
13	鼓风机速度控制信号	模拟信号	8080/8045	62、63
14	鼓风机速度控制信号	模拟信号	8045/8050	65、64
15	车外温度信号	模拟信号	6415/BSI	6434、6433
16	发动机转速、冷却液温度、制冷剂压力、节气门位置等信号	CAN 舒适网信号	BSI/8080	9024G、9025G
17	供电信号	模拟信号	PSF1/8045	PM11-66
18	点火信号	开关信号	CA00/BIS	1065
19	对空调系统的供电指令	CAN 车身网信号	BSI/PSF1	9017、9018
20	对压缩机的控制信号	模拟信号	PSF1/8020	8058（控制电磁阀）、8060（控制离合器）
21	发动机转速信号	模拟信号	1313/1320	1361、1362
22	节气门位置信号	模拟信号	1262/1320	1218、1219
23	冷却液温度信号	模拟信号	1220/1320	1366、1357
24	制冷剂压力信号	模拟信号	8007/1320	8093D
25	发动机转速、冷却液温度、制冷剂压力、节气门位置等信号	CAN 高速网信号	1320/BSI	9000、9001
26	对冷却风扇的控制指令	模拟信号	1320/1513	1540
27	冷却风扇的转速反馈信号	模拟信号	1513/1320	1599
28	蓄电池供电信号	模拟信号	BB00/PSF1	BB02

供电电路

自动空调电控系统的电路原理如下。

1	蓄电池通过导线 BB02 为发动机舱控制盒 PSF1 供电。	**2**	PSF1 通过导线 BM04、BM08 为智能控制盒 BS1 供电。

各电控单元得到供电后，立即控制各电控系统的传感器、执行器进入工作状态，配合自动空调 ECU 完成各项控制功能。

接通点火开关 M 位（点火挡）

1	点火开关将点火信号通过导线 1065 传送到智能控制盒 BS1。
2	BS 收到点火信号后唤醒 CAN 高速网、CAN 车身网、CAN 舒适网等车载网络进入工作状态。

全车网络工作后

全车网络工作后，BS1 一方面通过网线 212-20004 和 Z12-Z8060 分别为组合仪表 0004 和自动空调 ECU8080 提供 +CAN 供电。另一方面通过 CAN 车身网线 9017B-9017、9018 B-9018 通知发动机舱控制盒 PSF1 为电控单元和用电器供电。

PSF1 收到 BS1 的指令后，再根据自动空调 ECU 的信号，控制内部继电器 R6 和 R7 工作。

通过导线 PM11-66 为鼓风机调速模块 8045 供电，通过导线 8060 为空调压缩机 8020 供电。

对空调压缩机的控制

发动机起动运行后，空调压缩机的控制过程如下。

1	按下空调起动键 A/C。	**2**	自动空调 ECU 将空调起动请求信号。	**3**	通过 CAN 舒适网（9024C-9024、9025C-9025）-BS1-CAN 高速网（9000-9000M、9001-9001M）4 传递给发动机 ECU。

4	发动机 ECU 收到空调起动请求信号后。	5	主要通过发动机转速传感器 1313、电子节气门 1262 内的节气门位置传感器检测发动机的转速和发动机负荷。
6	通过 CAN 高速网传递给 BS1。	7	BSI 通过 CAN 车身网（9017B-9017、 9018B-9018）将此信号传递给 PSF1。

8	PSF1 则根据此信号，导线 8060 控制空调压缩机离合器线圈的通电或断电。

　　需要指出的是：在空调压缩机起动或起动后的运行过程中，如发动机转速或负荷不达标时：发动机 ECU 一方面发出不允许或切断空调压缩机运行的信号，另一方面控制电子节气门 1262 中的电动机，迅速提高发动机转速，增加发动机的输出功率，使发动机的转速和输出功率尽快达到空调压缩机的起动运行条件。

对鼓风机的控制

　　车内乘员通过两个按键把增加或减小鼓风机转速的请求传递给自动空调 ECU8080：空调 ECU 通过导线 62、63 鼓风机调速模块 8045 鼓风机 8050 对鼓风机的转速进行调整。

对左区和右区温度的控制

　　车内乘员通过左区和右区温度调节旋钮把左区（如 28℃）和右区（如 18℃）的温度控制请求传递给自动空调 ECU8080。

1	左、右座舱温度传感器 8024 和 8028 将右座舱的温度也传递给自动空调 ECU。
2	空调 ECU 则根据车内乘员的温度控制请求检测的左、右座舱温度传感器信号。
3	控制左、右混风电机 8064 和 8063 将冷气和热气混合尽快制成满足乘员温度要求的空气。
4	由左、右送风电机 8076 和 8075 将这些空气从左、右出风口吹出。

对空调压缩机排量的控制

在空调制冷系统的工作过程中，如左、右乘客的温度控制要求与左、右座舱温度传感器检测的温度差值较大或较小时：

1	自动空调 ECU 将通过 CAN 舒适网（9024G-9024、9025G-9025）CAN 车身网（9017B90017、9018B-9018）通知发动机舱控制盒 PSF1。
2	PSF1 则通过导线 8058 控制变排量电磁阀加太或减小空调压缩机的制冷排量，使空调制冷系统的实际温度以车内乘员的温度控制要求为中心缓慢变化，提高空调制冷系统的舒适性。

对空气质量的控制

在空调制冷系统的工作过程中，日照传感器 8033 和空气质量传感器 8079 不断检测车内日照状况和车外空气的质量。

自动空调 ECU 根据日照传感器检测的信号对左区和右区的混风和送风等空调控制参数进行修正。

无论太阳光从车前哪个方向照射到车内时使车内左区和右区空调的舒适度相同。

当空气质量传感器检测到车外空气中 NO_x 和 CO 的浓度超标时，通过进风门电机 8070 关闭进风门，防止超标的不良空气进入到车内。

空调系统的保护功能

汽车空调的保护功能有很多种，比如对发动机的过载保护，对制冷剂的过热保护，此处以低温保护为例进行讲述，其电路如下。

在空调压缩机的工作过程中装往右后视镜内的车外温度传感器不断检测车外的温度装在蒸了器上的蒸发器温度传感器 8006 不断检测蒸发器的温度。

除了上文所述的低温保护，还有高温保护以及高、低压的保护功能，鉴于篇幅原因，不再过多讲述，读者可自行学习。

8.2 空调系统的直观检查

空调系统有些故障可以通过直观的检查（眼看、手摸、耳听）就能简便而又准确地诊断故障所在，迅速排除故障。

通过眼睛观察检查故障

仔细观察管路有无破损、冷凝器及蒸发器的表面有无裂纹或油渍。如果冷凝器、蒸发器或其管路某处有油渍，则可能是此处有制冷剂渗漏。确认有无渗漏时可用皂泡法，重点检查渗漏的部位有：

1 各管路的接头处和阀的连接处	2 软管及软管接头处	3 压缩机油封、前后盖饭、密封垫、加油塞等处

通过手摸检查故障

检查空调制冷系统高压端

接通空调开关，使制冷压缩机工作 10 ~ 20min 后，用手触摸空调系统高压端管路及部件。从压缩机出口→冷凝器→干燥罐到膨胀阀进口处，手感温度应从暖到热。

如果中间的某处特别热，则说明其散热不良；如果这些部件发凉，则说明存在空调制冷系统可能有阻塞、无制冷剂、压缩机不工作或工作不良等故障。

检查空调制冷系统低压端

接通空调开关，使制冷压缩机工作 10 ~ 20min 后，用手触摸空调系统低压端管路及部件。从干燥罐出口→蒸发器到压缩机进口处，手感温度应是从凉到冷。

如果不凉或是某处出现了霜冻，均说明制冷系统有异常。

检查压缩机进出口端温度差

接通空调开关，使制冷压缩机工作 10 ~ 20min 后，用手触摸压缩机进出口两端，压缩机的高、低压端应有明显的温度差。

如果温差不明显或无温差，则可能是已完全无制冷剂或制冷剂严重不足。

检查线路

用手检查导线插接器连接是否良好，空调系统线路各插接器应无松动和发热。

如果插接器有松动或手感插接器表面的温度较高（发热），则说明插接器内部接触不良而导致了空调系统不工作或工作不正常。

8.2.2 制冷系统压力检查

制冷系统温度检测或温度压力检查不正常时，可通过用压力表检测制冷系统高、低压侧的压力情况来判断制冷系统的故障。

检测条件

1	发动机转速在 1500r/min	2	鼓风机转速置于高速状态	3	温度控制开关置于最冷位置

制冷系统压力检查方法

观察高低压侧压力，压缩机的吸气压力应为 20k ~ 24kPa，排气压力应为 1103k ~ 1633kPa。应注意，外界高温高湿将造成高温高压的条件。如果离合器工作，在离合器分离之前记录下数值。

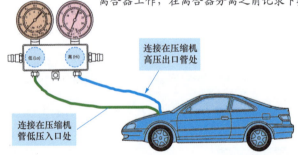

连接在压缩机高压出口管处

连接在压缩机管低压入口处

（1）将歧管压力计正确连接到制冷系统相应的检修阀上，如果手动阀，应使阀处于中位。

（2）关闭歧管压力计上的两个手动阀。

（3）用手拧紧歧管压力计上的高低压注入软管的连接螺母，让系统内侧的制冷剂将高低压注入软管内的空气排出，然后再将连接螺母拧紧。

（4）起动发动机并使发动机转速保持在 1000 ~ 1500r/min，然后打开空调 A/C 开关和鼓风机开关，设置到空调最大制冷状态，鼓风机高速运转，温度调节为最冷。

（5）关闭车门、车窗和舱盖，发动机预热。

（6）把温度计插进中间出风口并观察空气温度，在外界温度为 27℃时，运行 5min 后出风口温度应接近 70℃。

8.3 空调系统电路检查

8.3.1 日照传感器故障的检查

日照传感器应用在汽车自动空调控制系统中，它的功能是检测日照量以调整空调的出风温度和风量。

日照传感器安装位置

日照传感器一般安装在仪表板的上侧，这里容易检测日照的变化。

日照传感器的安装位置

日照传感器的检测

1 打开副驾驶座的杂物箱，拆卸固定杂物箱的 8 颗紧固螺钉。

打开杂物箱

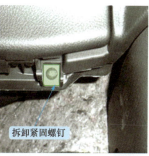

拆卸紧固螺钉

2 拔下日照传感器导线连接器，用布遮住传感器，测量日照传感器连接器端子 1 与端子 2 间的电阻值，正常情况，电阻值为∞，应不导通。

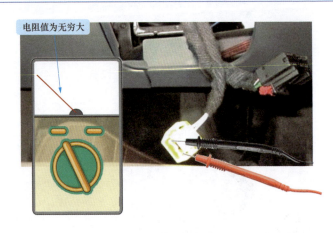

电阻值为无穷大

3 掀开日照传感器上的布，并用灯光照射日照传感器，继续测量连接器端子 1 与端子 2 间的电阻值，正常情况，应为 4kΩ。

当灯光逐渐从传感器上移开时，光照由强变弱，日照传感器的电阻值应当增加。或者可以使用自诊断插口读取故障码，其故障信息如下。

故障码	故障说明
DTC B016305	乘客舱温度传感器电路对蓄电池短路或开路
DTC B01830	日照传感器电路对搭铁短路
DTC B018305	日照传感器电路对蓄电池短路或开路
DTC B140502	控制模块参考电压输出 2 电路对搭铁短路
DTC B140505	控制模块参考电压输出 2 电路对蓄电池短路或开路

8.3.2 空气温度传感器故障的检查

车辆使用的空气温度传感器有左上空气温度传感器、左下空气温度传感器、右上空气温度传感器、右下空气温度传感器、蒸发器温度传感器，一般多使用 2 线为负温度系数的热敏电阻。

空气温度传感器安装位置

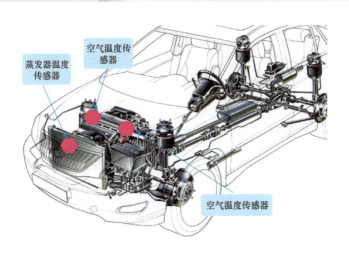

　　传感器依靠信号和低电平参考电压电路进行工作。当传感器周围的空气温度升高时，传感器电阻降低。传感器信号电压随电阻值下降而下降。

传感器

系统控制模块
（ECU）

　　传感器在 –40 ～ +85℃
的温度范围内工作时，传感器信号在 0 ～ 5V 变动。

　　暖风、通风与空调系统控制模块将信号转换成 0 ～ 255 范围内的计数。

空气温度传感器的检测

1	将点火开关置于 OFF 位置，断开相应温度传感器的线束连接器，测试温度传感器搭铁电路端子 1 和搭铁之间的电阻是否小于 5Ω，如果大于规定值，测试搭铁电路是否开路 / 电阻过大。
2	将点火开关置于 ON 位置，测试信号电路端子 2 和搭铁之间的电压是否为 4.8 ～ 5.2V。

215

电阻值低于规定范围

如果电阻值低于规定范围，则测试信号电路是否对搭铁短路或开路/电阻过大。如果电路测试正常，则更换K33暖风、通风与空调系统控制模块。

电阻值高于规定范围

如果电阻值高于规定范围，测试信号电路是否对电压短路。如果电路测试正常，则更换K33暖风、通风与空调系统控制模块。

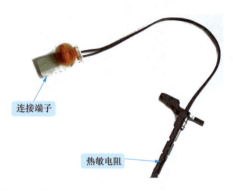

连接端子

热敏电阻

当使用自诊断插座检测故障代码时，其含义如下。

故障码	故障说明
DTC B017302	左上出风口空气温度传感器电路对搭铁短路
DTC B017305	左上出风口空气温度传感器电路对蓄电池短路或开路
DTC B017802	左下出风口空气温度传感器电路对搭铁短路
DTC B017805	左下出风口空气温度传感器电路对蓄电池短路或开路
DTC B050902	右上出风口空气温度传感器电路对搭铁短路
DTC B050905	右上出风口空气温度传感器电路对蓄电池短路或开路
DTC B051402	右下出风口空气温度传感器电路对搭铁短路
DTC B051405	右下出风口空气温度传感器电路对蓄电池短路或开路
DTC B393302	空调蒸发器温度传感器电路对搭铁短路
DTC B393305	空调蒸发器温度传感器电路对蓄电池短路或开路

[1] 方杰.汽车电工电子技术基础［M］.北京：机械工业出版社,2015.

[2] 吴文琳.汽车电工维修经验与技巧［M］.北京：机械工业出版社,2014.

[3] 李晓峰.汽车电工维修入门与技巧［M］.北京：中国电力出版社,2011.

[4] 周晓飞.汽车电工技能1000问［M］.北京：化学工业出版社,2015.

[5] 宋晓华.汽车电工入门［M］.北京：电子工业出版社,2015.

[6] 张校珩.轻松掌握汽车维修技能［M］.北京：化学工业出版社,2014.

[7] 项绮明.汽车电工维修入门与提高［M］.北京：机械工业出版社,2016.

[8] 李绮红.汽车网络电路识图［M］.北京：机械工业出版社,2016.